ENERGÍAS EN MI CUERPO...

...¡¡Las Bendiciones Más Grandes De Mi Vida!!!

Para Tí ...
Con todo mi Amor...

Copyright © 2016 by SoulTAlma ™

ISBN: 978-0-9969667-2-6

Otras Creaciones

Libros

- **Energies In My Body... The Greatest Blessings Of My Life!!!**
- **Running Out Of Time... Is That Even Possible???**

- **Se Me Acaba El Tiempo... ¿¿¿De Verdad Crees Que Eso Es Posible???**
- **More... Life-Changing... Life-Giving... Never-Ending... TOUGHTS...**
- **Más… PENSAMIENTOS… Transformadores… Que-Dan-Vida… Que-Nunca-Terminan…**
- **A FRIEND I Didn't Know I Had…**
- **UNA AMISTAD Que No Sabía Que Tenía...**

Websites
soultalma.com

Contact Information
Email Address: SoulTAlma@yahoo.com

Contenidos

No pienses en números de páginas ni nada de eso... Llegarás allí... Dondequiera que "allí" sea... En el momento más apropiado para tí... Todo en el preciso instante... ¡¡¡Siempre con mucha alegría!!!

Capítulo 1: **ASOMBRO**- Antes Y... ¿Después?
Capítulo 2: **ENERGÍAS** En Mi Cuerpo
Capítulo 3: 7 De Enero Del 2013: **EL PUNTO DE RETORNO**
Capítulo 4: Y **EL VIAJE HACIA "EL CENTRO DE MÍ"** Comenzó
Capítulo 5: El Anhelo... O La Necesidad... **DE ESCRIBIR**
Capítulo 6: Como Soy **AHORA**
Capítulo 7: La "Teoría" De **EL DESENFOQUE**
Capítulo 8: Si Esto No Es **ABUNDANCIA**... Entonces ¿Qué Es?
Capítulo 9: La **ABUNDANCIA**... Un Abismo Sin Fin De **BENDICIONES Y MILAGROS**...
Capítulo 10: De El Universo **HACIA MÍ Y DE MÍ** Hacia El Universo
Capítulo 11: Y Ahora ¿**HACIA DÓNDE**???
11:11--Epílogo

Capítulo 1: ASOMBRO- Antes Y... ¿Después?

Es tan asombroso ser testigo de todo lo que me ha pasado... Es algo mucho más que milagroso... Todas las cosas que las personas usualmente pasan una vida entera para poderlas encontrar... Sentir... Vivir... Desde las cosas más pequeñas... Los detalles más simples... A las cosas más grandiosas y maravillosas... Todo eso ha llegado a mi sin yo tratar de encontrarlo o estarlo buscando siquiera...

¿Podría ser que esa frase que he escuchado tantas veces durante estos últimos años... Esa de "todo esta dentro de ti" ... Es realmente verdad? ... ¿Podría ser que en realidad uno no necesita ir a ningún lugar para encontrar toda la Alegría... Las Bendiciones... Los Milagros en nuestra vida? ...

Tiene que ser verdad porque...
Honestamente... Yo no he hecho nada para tratar de encontrar nada de esto... Todo se me ha mostrado... Todo ha "aparecido" en mí como por "arte de magia" ...

Ahora que he estado algo más de dos años "pasando por esto" ... Lo veo como lo más normal del mundo... En cierta forma mi expectativa es que así tienen que ser las cosas... Y esto de por sí es un milagro porque pasé los primeros 42 años de mi vida siendo la persona más "fatalista" ... Llena de miedo... Creyendo que no merezco nada... La persona con más poca autoestima que existe...

Ahora... Después de haber estado tan acostumbrada a esa "magia" durante los últimos dos años... Y de percatarme que ya esta magia es lo más normal del mundo para mí...

Ahora... Cuando paso más de unos pocos segundos pensando en eso... Cuando comienzo a percatarme de la magnitud y la profundidad de todo esto... Y comienzo a pensar en lo difícil (raro) que es que estas cosas realmente ocurran... Y entonces... Mientras más pienso en eso de esa forma... Más comienzo a preguntarme por qué me han estado ocurriendo todas estas cosas a mí con tanta facilidad... Y... "¿Quién soy yo?" para merecer todo esto...

Y entonces siento rápidamente que si continúo dejando que mis pensamientos vayan en esa dirección... Muy fácilmente termino en esa poca autoestima... En ese escaso amor propio... Etc... En toda esa negatividad que era el principal rasgo de mi personalidad anteriormente... Y sí... Ha sido un proceso muy gradual... Y me doy cuenta que antes prácticamente siempre terminaba en esa trampa llamada "poco amor propio" ...

Pero ahora... Ahora gradualmente he sido capaz de llamarme la atención más rápido... He sido capaz de sacarme de eso más pronto... Hasta el punto en que ahora me es mucho más inconfortable sentir esa negatividad en mí... Incluso durante sólo algunos segundos... Ahora me es mucho más fácil... Y mucho más natural... El esperar que todo tipo de bendiciones ocurran dentro de mí y alrededor mío en todo momento :) ...

Me imagino que al haber vivido mi vida en esa falta de amor propio... De valorarme tan poco a mí misma... Nunca he pensado que realmente merezco mucho... En lugar de eso, he ido dando tumbos por la vida... Dándome cuenta de las cosas que no me gustaban... Y yendo de eso a otra cosa... Dándome cuenta de cuánto no me gustaba eso tampoco... Y entonces saltando a algo más... Y a algo más... Y así me convertí en una experta en "las cosas que no me gustan o que no quiero vivir"

... Me convertí en una experta en no querer nada... En pensar que no merezco nada... Una experta en creer que tengo que entrenarme a mí misma para no querer nada... Para no sentirme decepcionada por nada...

Y entonces poco a poco me fui entumeciendo... Mis sentimientos se fueron entumeciendo... Mi cuerpo prácticamente se paralizó... Mis emociones se convirtieron en un abismo oscuro en el que enterraba cada pensamiento... Cada idea... Cada sueño... ¡Me acostumbré tanto a eso! ...

Me acostumbré tanto que llegué al punto de no darme cuenta que esto no era normal... Que las cosas no tenían por qué ser así... Llegué al punto de primero pensar... Y de estar muy convencida a medida que los años pasaron... De que no había nada en este mundo para mí... Llegué al punto de no entender el significado de nada... De no lograr encontrarle el sentido o el propósito a nada... Especialmente a mí...

Todos los primeros 42 años de mi vida transcurrieron así... Me daba cuenta que no me gustaba ESO (cualquier cosa que ESO fuera)... Y pasaba de eso a otra cosa... Y cada vez a lo que pasaba era a algo menos agradable para mí... A algo que me gustaba menos... Que me atraía menos... Y mi vida se convirtió en un viaje cuesta abajo... Lento pero seguro... Año tras año... Día tras día... Minuto tras minuto... Todo... Mis estudios... Mi carrera... Mis relaciones... Mi amor propio... Mi peso corporal... Mi apariencia... Mi presión arterial... Mi personalidad... Mis emociones... Etc... Etc... Todo en mi vida fue barranca abajo por ese mismo camino...

Y yo no podía entender... Y nadie más o menos cercano a mi podía entender... ¿¿¿POR QUÉ????? ... ¿¿¿Por qué alguien como yo????? ...

¿Por qué alguien con una familia tan amorosa... Con tan buenas amistades... Con maestros y profesores que me adoraban... Con una vida tan "linda"? ... ¿Por qué alguien tan inteligente... Tan capaz... Por qué yo... Teniéndolo "todo en el mundo"? ... ¿Por qué otras personas que vivían situaciones realmente difíciles parecían tan felices??? ... Y ahí estaba yo... En esa imparable carrera cuesta abajo hacia el abismo... ¿¿¿POR QUÉ????? ...

Algo muy poderoso me ocurrió un día de enero del 2013... Ese "algo" provocó... O... Mejor aún... Me ayudó por lo menos a parar... No... Sería mucho más exacto decir... Me ayudó a, de alguna forma, desacelerar un poco el movimiento cuesta abajo que llevaba mi vida... La falta de dirección en mi vida... La poca autoestima...

Por lo menos me ayudó de algún modo a darme cuenta que yo podía "pisar un poco el pedal del freno" para aminorar ese tipo de movimiento... Para llevar ese movimiento negativo a una velocidad un poco más baja... Me ayudó a por lo menos ser capaz de darme cuenta... De evaluar... Cuán delicada era mi situación... Me ayudó a aminorar la velocidad y poder mirar a mi alrededor de una forma algo menos "nublada" ... A desacelerar un poco y por lo menos ser algunas veces capaz de respirar de forma que tuviera más sentido... A frenar un poco y ser capaz de darme cuenta de cuán rápidamente mis pensamientos estaban constantemente yendo por ese camino tan negativo... A desacelerar y comenzar a veces... Durante al menos unos segundos... A sólo existir... Si... A sólo... ¡¡¡EXISTIR!!! …

En ese momento me di cuenta de cuán exhausta estaba... De cuán exhausto estaba mi cuerpo... De cuán exhausta estaba mi mente... De cuán exhaustos estaban mis sentimientos... Mi Alma... Mi Espíritu... De cuánta confusión había en todo mi Ser... De la falta de entendimiento que había en mi Ser... De cuántas contradicciones se habían acumulado dentro de mi Ser a través de los primeros 42 años de mi vida...

Y así... De alguna forma... (Realmente no sé de qué forma) ... Alcancé algo parecido a un estado de "meseta" después de eso... Un "estado de meseta" que en realidad no debe ser llamado "así" porque no era para nada estable ni pacífico... Era un "estado de meseta" sólo en la superficie... Pero dentro era una combinación de constantes avalanchas... Tsunamis... Terremotos... Volcanes... Tornados... Huracanes... Y todas las demás cosas parecidas que uno se pueda imaginar :) ...

Las intensas... Confusas... Inaguantables energías comenzaron dentro de mí... El intenso "ir hacia adentro" comenzó a ocurrir dentro de mí... Los impulsos totalmente intensos e imparables de reflejar y recordar y reevaluar mi vida comenzaron a ocurrir dentro de mí... Los intensos "escritos" comenzaron a acumularse dentro de mí... A tal punto que me tenía que rendir cada vez... Parar todo lo que tenía que hacer... Y solo escribir... Y escribir... Y escribir...

"Sentires" extremadamente intensos comenzaron a incrementarse exponencialmente dentro de mí... Muchos "sentires" que jamás en mi vida me habían ocurrido... Todo esto me hizo darme cuenta que mi vida... Toda mi vida... Había sido una total contradicción hasta ese punto... Una total "falta de dirección" hasta ese punto... Una total confusión hasta ese punto... Llena de cosas que en algún momento había querido obtener... Y en las cuales perdía el interés poco después producto de mi falta de dirección... Mi falta de saber cuán digna era... Mi falta de Amor...

Estoy encantada al ver lo bien que me he estado sintiendo después de eso que me comenzó a ocurrir a partir de enero del 2013... Y estoy muchísimo más encantada al darme cuenta que este bello estado existencial en el que me encuentro ha durado de una forma muy estable todo este tiempo... He tenido la experiencia maravillosa de ir en este lento-pero-seguro-movimiento-hacia-arriba en mi vida ahora... ¡¡¡Siento tanto alivio!!!!! ... ¡¡¡Tanto alivio que quisiera que esto durara para siempre!!! ...

Puedo decir categóricamente que no ha habido ninguna época de mi vida en la que me haya sentido así... Es un sentir... Tan lindo y tan raro al mismo tiempo... Siento como que algo dentro de mí se está moviendo hacia arriba... Hacia arriba... Hacia arriba... Y haciendo burbujas... Como una fuente termal... Pero a veces... Muchas veces... En vez de "ese algo" moverse hacia arriba y hacia arriba... Lentamente burbujeando desde dentro de mí... Se dispara como un geiser... Sería probablemente más exacto describirlo como un "geiser burbujeante" ... Sí... Éste término es perfecto para describir cómo me he sentido durante los últimos dos años de mi vida :) ...

Pero... ¡¡¡Un momento!!! ... ¿¿¿Qué es "ese algo" que se mueve como un "geiser burbujeante" desde dentro de mí? ... ¿Qué es? ... Al principio lo sentía como si fuera un "objeto extraño" ... Como algo que "fue colocado" dentro de mí de repente... Y estaba poco a poco buscando la forma de salir...

Pero a medida que los días... Los meses... Incluso los años pasaron... A medida que me adapté a este proceso más y más... A medida que me aferré a él como mi último recurso... Como una especie de tabla a la que un náufrago se aferra... A medida que fui capaz de irme dando cuenta... De sentir qué era lo que realmente estaba pasando dentro de mí... En todo ese proceso me di cuenta que no era un "objeto extraño" ... Que nada "fue colocado" dentro de mí... Que era algo que había estado siempre ahí... Que eran partes de mí que estaban emergiendo como un "geiser burbujeante" ... Era yo... Era Mi Ser... Mi Verdadero Yo... ¡¡¡¡Qué sensacion tan encantadora... Tan agradable... Que experiencia tan mágica!!!!! ...

Un día... Mientras leía algunos de los escritos que había comenzado... ¡¡¡Tantos escritos sin terminar!!! ... Para decidir cuál de ellos quería continuar... En ese momento de repente me di cuenta que durante los primeros 42 años de mi vida yo había pensado y hecho todo al revés...

Sí... A mí no me gustaba entrar en conflictos... Y siempre tenía la tendencia a dejar que las cosas pasaran... Y cuando algo desagradable me ocurría... O cuando alguien me hacía alguna "mala acción" ... Básicamente dejaba que todo me ocurriera... Sin luchar por mí misma... Ni darme mi lugar... Ni nada parecido...

Y sí... Ahora me doy cuenta que eso era probablemente lo correcto hacer porque ir en contra de las cosas solo sirve para adicionarle más leña al fuego, por decirlo de alguna forma... Pero no me daba cuenta que algo dentro de mí lo estaba "provocando" ...

Así que en lugar de poder remediar la situación ... Y hacer algo para que no ocurriera más... Evento tras evento... Acción tras acción... Cada vez entraba más en un camino de una poca autoestima más intensa... Era como si por algún motivo yo creyera que merecía todas esas cosas "negativas" que me pasaban...

Y momento a momento... Año tras año... Más y más falta de autoestima... Más y más falta de amor propio... Yendo cada vez más cuesta abajo por esa pendiente cada vez más abrupta ... En cada área de mi vida... Y la cuesta abajo era cada vez más pendiente a medida que el incremento en todos esos sentimientos negativos hacia mí misma se hacían cada vez más arraigados y profundos a medida que los años y las experiencias en mi vida transcurrían...

<u>Capítulo 2</u>: ENERGÍAS En Mi Cuerpo

Es muy curioso para mí el recordar que siempre fui una persona indecisa... Insegura... Siempre buscando apoyo en los demás... Siempre llamando a todo el mundo para no sentirme sola... Para buscar protección... Comprensión... Siempre consultando cada decisión... Por pequeña que fuera... Con cualquier persona que tuviera alrededor... Sobre todo con mi familia y amistades más cercanas... Era famosa por eso... Todos... Hasta yo misma... Estábamos tan acostumbrados a eso que lo veíamos como lo más normal del mundo...

Y el verme pasando por todas estas energías y cosas extrañas... Aquellas cosas que al principio me hacían pensar por momentos que tal vez me estaba volviendo loca... O que tal vez me estaba enfermando y algo grave estaba pasando en mi cuerpo... El verme pasar por todo eso y que en ningún momento me diera por llamar a nadie ni contarlo... Es como si un milagro hubiera ocurrido en mí...

Y sí... Mirándolo ahora desde la distancia y reflexionando sobre todo lo que ha pasado en mí a raíz de eso... SÉ que así fue... SÉ que un "milagro" ocurrió en mí... Es como si desde el principio tuviera una confianza... A pesar de la total confusión... Una confianza interior de que todo estaba bien... Un conocimiento profundo de que era... Y es... Algo que tenía que pasar sola...

Y tal vez sea por eso que en el momento en que todo iba a comenzar... En ese preciso y mágico momento... "Me pusieron" a ÉSE SER delante de mí... A través de muchas coincidencias y a través de su energía... En un instante... Bruscamente... ¿O será que tal vez fue la cercanía súbita con ÉSE SER lo que hizo que todo ese proceso se desencadenara y se acelerara? ... ¿O será que tal vez todo esto estaba "destinado" a ocurrir a la misma vez?...

Lo único que Sé es que esto es lo más bello que me ha pasado en la vida... Y lo más curioso aún es que ahora... Recordando el "principio" de todo esto... Y los momentos en que lo estaba viviendo... Sin saber lo que era... Ahora me doy cuenta que siempre sentí que si eso mismo le hubiera pasado a muchas otras personas que conozco... Que si eso mismo le hubiera pasado a por lo menos el 90% de las personas de este planeta... (Que si eso mismo me hubiera pasado a mí en algún momento anterior de mi vida) ... Se hubieran "enloquecido" por no entender lo que les estaba pasando...

Acudirían sin pensarlo dos veces a algún doctor... Ya sea del cuerpo o de la mente... Y ahí empezarían a recibir tratamiento para esto y para aquello... Y de ahí sería algo parecido a una reacción en cadena... Donde de una cosa encontrarían otra... Y otra... Y el primer medicamento ocasionaría otros problemas que después intentarían remediar con otro medicamento... Y así sucesivamente...

¡No!... Yo jamás pensé en algo parecido... ¿Será que precisamente me pasó eso a mí porque siempre he sido del tipo de personas que sólo acude a doctores cuando es un caso de super-extrema necesidad?... ¿O será que esto les ha pasado... Y les pasa... A muchas otras personas... Pero por el hecho de que siempre tienden a tratar de "arreglar" las cosas a través de medicamentos... Cirugías... Tratamientos para esto y para aquello... Como que poco a poco "aniquilan"... "Disfrazan"... "Tronchan" el proceso... Y no dejan que eso que les empezó a ocurrir se desarrolle y siga su curso?... ¿Y será que... Precisamente por mi forma de ser... Yo fui un "medio fértil" para que todo eso se desarrollara poco a poco en mí? ...

Sólo me dediqué a observarlo y a seguir la corriente... Atónita a veces... Exhausta otras... Impresionada siempre... Confundida la mayor parte del tiempo... Pero siempre con aquella sensación... Con algo muy leve e imperceptible que me guiaba y me decía que todo estaba bien...

E incluso pienso que tal vez el hecho de que durante los primeros 42 años de mi vida era tan insegura... Tan indecisa... Tenía tan poca autoestima... Tan poco amor propio... Me daba tan... Pero tan poco valor a mí misma... Que en aquella época... Y a lo largo de todos aquellos años anteriores... No tenía criterio propio... Y dejaba que todo me pasara sin protestar... Sin hacer nada al respecto... Sin percatarme que las cosas no tenían por qué ser así...

¿¿¿Será que... Precisamente por eso dejé que todo eso me pasara sin preguntarle a nadie... Sin contárselo a nadie... Sin acudir a nadie para tratar de recibir ayuda??? ... ¿¿¿Será que el ser así ha actuado como un mecanismo de defensa o de sobrevivencia durante los primeros 42 años de mi vida??? ... No sé... Nunca lo podré saber con certeza...

Las primeras veces que comencé a recibir esos "ciclos de energía" ... "Casualmente" un par de días después que "ÉSE SER" "fue puesto" en mi vida así de pronto... Esos "ciclos de energía" tan intensos... Tan desconcertantes... Tan agobiantes... Tan arrasadores e imparables... Me empecé a dar cuenta que después que todo pasaba el resultado era siempre algo lindo... Algo positivo... Algún cambio muy bueno en mí...

Ya después la duda se disipó poco a poco... La confusión se disipó en mi... Y cada vez que eso me pasaba, **Sabía** que era otro de aquellos ciclos milagrosos... Esos ciclos que aunque muchas veces me dejaban con mi cuerpo medio deshecho... Con mi mente exhausta... Como si me hubieran virado al revés...

Sabía que era para algo bueno... Y lo pasaba con alegría interior... Dedicándome a "observarme" cada vez con más placer... Con más satisfacción... Con más confianza... Cada vez lo que recibía al final de que todas estas energías tan intensas pasaban a través de mi espíritu... De mi Alma... De mi cuerpo... De todo mi Ser... Era algo a lo que no le puedo dar otro nombre que Bendiciones... En mi cuerpo... En mi personalidad... Más y más alegría... Más y más claridad mental...

Los primeros dos años fue algo bastante constante y muy intenso... Ahora este tercer año estos "ciclos energéticos" se han vuelto un poco más espaciados... Un poco menos intensos tal vez... Las energías un poco más asentadas... No siempre relacionadas únicamente con ÉSE SER... Me ha ocurrido ese proceso con un par de cosas y personas diferentes también...

Y ahora al escribir esto me pregunto... ¿¿¿Será que no es que los ciclos están más espaciados... O las energías menos intensas... Sino que ya mi Ser se ha adaptado... Y que eso es parte de quien soy ahora... Y que ya no me resultan como algo extraño??? ...

No sé... Solo sé que extraño la confusión de aquellos días... Los sobresaltos... Las "agonías" y los "miedos" del principio... La intensidad... El ver y **Sentir** milagros... Grandes y pequeños... Producirse en mí cada día... A veces varias veces en el mismo día...

Ojalá que cada persona a quien le pase esto se de cuenta en seguida de la gran bendición que están recibiendo en su Ser... Y se dedique a disfrutar plenamente cada instante... Por desconcertante que sea...

Sí... **Mi cuerpo** recibió muchas bendiciones durante ese tiempo... ¡¡¡¡MUCHÍSIMAS!!!! ... Entre ellas, muchas que jamás le contaré a nadie... Las más "perceptibles" de estas bendiciones... (Algunas perceptibles para otras personas... Otras sólo perceptibles para mi) ... Son...

La pérdida de mi obesidad... Algo que padecí durante los trece años anteriores a que todo esto empezara... *La total desaparición de mi presión arterial alta*... Y el no tomar pastillas y estar siempre normal... Algo que padecí durante los siete años anteriores a que todo esto empezara... *La total desaparición de unos dolores...* Desde el mismo principio de todo esto... Que padecí religiosamente desde la primera vez... Cada mes durante los treinta y un años anteriores a que todo esto empezara... *La total desaparición de mis problemas de respiración... El aumento prodigioso de mi elasticidad y flexibilidad...*

Y llegó el punto en que me decidí a aceptar el hecho de que la *artritis...* Y el no poder ya usar mis rodillas para nada... El no poderlas flexionar ni siquiera lo más mínimo... Iba a ser el precio que iba a tener que pagar por todos aquellos años de obesidad... Por todos aquellos muchísimos años de tantas otras cosas que me llevaron a esa obesidad... Y a esa artritis...

Pero igual... Lo mismo... Mucha gente me decía que iba a tener que ir a revisarme con un doctor aunque sea... Y yo totalmente renuente porque decía que ahí me iban a encontrar esto y aquello… Y después me iban someter a cirugía para ponerme unas rodillas artificiales… Que era lo que le hacían a todo el mundo…

Y seguí haciendo mi vida normalmente… Busqué suplementos que tal vez me ayudaran a mejorar… Y seguí yendo a mis ejercicios… Y era muy… Muy doloroso para mí… Y lloraba a veces del dolor… Me despertaba muchas noches por el dolor tan intenso en mis rodillas después de hacer ejercicios…

Y un día me vino una sensación mientras estaba en la cama… En ese estado de "limbo" a la hora de dormir… Y era una sensación de que aunque tuviera esa situación en las rodillas… Aun así… Iba a vivir con felicidad…

Y pasaron muchos meses más… Siguiendo con mi vida… Viviendo feliz con mi dolor… Y hace mas o menos tres meses me empecé a percatar de que el dolor había desaparecido... Pero no quería convencerme totalmente... Por si acaso... Y me observaba de vez en cuando... Como quien no quiere la cosa...

Y sí... Hoy puedo decir categóricamente que mis rodillas están totalmente bien... Con una flexibilidad que no creo que haber tenido ni siquiera cuando era joven... ¿Cómo podría llamarle a esto de otra forma que no sea "Bendición?" :)

Sí... **Mi personalidad** recibió muchísimas bendiciones también... A medida que los años en mi vida pasaron me convertí... Primero muy lenta y gradualmente... Y después bastante rápidamente... En alguien triste... Apático... Desinteresado... Siempre había sido una persona bastante alegre... Me gustaba reír... Me encantaba escuchar música... Conocer lugares nuevos... Y en los doce años anteriores a que todo esto empezara un cambio muy notable se produjo en mí... Llegó el punto en que ya no reía nunca... Vivía sin escuchar música jamás... Siempre molesta por esto o por aquello...

A partir de que todo esto me empezó a pasar me convertí de una forma abrupta... Si lo comparamos con los años anteriores de mi vida... Y especialmente los últimos doce... En una persona feliz... Como si un Hada Madrina me hubiera tocado con una varita mágica o algo así...

Pasé de la total depresión en que había vivido prácticamente toda mi vida... A ser una persona siempre alegre... Llena de vida... Pasé de ser la persona más poco motivada que existe... A ser una persona ávida... Llena de entusiasmo... De ser la persona introvertida que había sido toda mi vida... A ser una persona espontánea y bastante abierta... De ser una persona indecisa... Sin una dirección ni un rumbo claros... A ser una persona con total claridad mental... Segura de sí misma...

Sí... **Mi espiritualidad** recibió muchas bendiciones... Yo diría que alrededor de cumplir los diez años de edad comencé a tener ideas muy específicas sobre muchas cosas... Sobre muchos temas que en realidad no son temas "de niños"... Y era como que yo tenía un conocimiento interno muy profundo de que esas eran las cosas que yo pensaba... O no... No solo que yo "pensaba"... Que más bien yo Sabía... Sobre la mayoría de los aspectos más importantes de la vida de un Ser humano...

¿Cómo llegué a esos conocimientos y esas conclusiones de la vida a esa edad tan temprana? ... No sé... Tal vez por muchas cosas relacionadas con los diez primeros años de mi existencia... Relacionadas con mi crianza... Con cosas que observaba en los demás… Con cosas que escuchaba… No sé…

Lo cierto es que a partir de esa edad me di cuenta que la mayoría de esas cosas que yo pensaba… O que yo sabía… La mayoría de los aspectos de mi personalidad… Mi forma de ser… Lo que yo esperaba de la vida y de los demás… No encajaba para nada con lo que yo veía a mi alrededor… No encajaba para nada con la forma en que yo veía a las personas alrededor mío hablar, actuar, pensar…

Y así… Poco a poco empecé a sentirme extraña en este mundo… Hasta el punto que llegué a estar totalmente convencida de que yo no pertenecía para nada a este mundo… Así viví los 32 años anteriores a que todo esto me comenzara a ocurrir… Y no incluyo los primeros diez años de mi vida porque no me acuerdo mucho de las cosas que sentía en esa etapa…

Pero lo que sí sé es que ya cuando llevaba entre seis meses y un año de estar viviendo este proceso... Me di cuenta que ya no sentía nada de aquello tan extraño... Me di cuenta que... Aunque me sentía diferente a la mayoría de las personas en muchas... Muchísimas cosas... Intereses... Forma de ser... De actuar... Forma de ver la vida... Etc... Ya nunca más iba a haber nada ni nadie capaz de hacerme sentir que no pertenezco a este mundo...

Y veo el mundo... La vida... Todo... Con tanta belleza... Como que todo tiene sentido... Como que todo... TODO lo que me ha pasado en la vida tiene totalmente sentido... Tantos conocimientos... Tantos entendimientos se han "descargado" ... Y se continúan "descargando" en mi... Así... De pronto... Sin yo buscarlo... Sin yo esperarlo...

Sí... **Mis acciones** recibieron muchas bendiciones... Mi forma de actuar ha cambiado tanto... ¡Pero tanto! ... A raíz de todo esto que me comenzó a pasar hace algo más de dos años...

Las personas más cercanas a mí... Los que tuvieron que "sufrir" las consecuencias de todas mis depresiones... Negatividades... Tristezas... Poca autoestima... Y todo eso que ya he mencionado antes... Son los que más asombrados están al ver cómo yo he cambiado... Tan "abruptamente" ...

Yo misma estoy totalmente asombrada ante todo esto... A pesar de que he sido testigo de cada pequeño cambio... De cada segundo en el que sentí algo aliviarse dentro de mí... Como una válvula que estaba provocando tensión en cierta área de mi existencia... Y de pronto la válvula se abre y todo fluye de nuevo...

Al principio todos... Incluyéndome a mí misma... Pensábamos que era algo pasajero... Como que de pronto estaba teniendo "momentos de lucidez" que después volverían al estado "oscuro" normal en que había vivido hasta ese momento... Y es algo totalmente entendible... Primero está el aquello de que "si es demasiado bueno para ser verdad, probablemente no es verdad"... Están las expectativas de las personas, que generalmente se basan en el historial de lo que ha pasado hasta ese momento...

Y cuando uno piensa que una persona ha sido de una cierta forma... De manera muy estable... Durante los primeros 42 años de su vida... Es imposible pensar que "de la noche a la mañana" vaya a ocurrir un cambio tan drástico... Tan "de raíz"... Tan "de esencia"... Y que vaya a ser algo permanente...

De hecho yo he pasado toda mi vida... Literalmente... Tratando de cambiar... Tratando con más intensidad a medida que me daba cuenta que la intensidad de mi "no pertenecer" ... La intensidad de mi depresión... La intensidad de mi tristeza... La intensidad de mi infelicidad... A medida que la intensidad se incrementaba...

Y al final no lograba mucho... Algún alivio... Alguna mejoría temporal para después volver a lo mismo... O en realidad no a lo mismo... A algo aún más negativo y más desconectado de este mundo cada vez...

Capítulo 3: 7 De Enero Del 2013: EL PUNTO DE RETORNO

"Ese día" de enero del 2013 yo fui al supermercado cerca de casa de mi madre... Una visita rutinaria... Rápida... Sólo para comprar leche... Bananas... Y un par de cosas de consumo diario... Este supermercado queda a sólo dos o tres cuadras de su casa... En una calle por la que paso casi todos los días... A veces dos o tres veces al día...

Mientras manejaba de regreso a casa de mi madre... De pronto comencé a verlo todo tan bello... Algo realmente "fuera de este mundo" ... Y sin embargo, era la misma calle... Los mismos árboles… El mismo sol... El mismo cielo… Las mismas casas que estaba acostumbrada a ver todos los días... Muchas veces... Varias veces al día...

Y a pesar de que todo era lo mismo... Yo estaba segura de que todo era lo mismo... Yo no estaba soñando ni nada de eso... ¡Yo estaba conduciendo! ... ¿Cómo era posible que toda esa "invasión de belleza" hubiera llegado a mi vida así... tan abruptamente? ...

No era que las cosas parecieran tener otro color... No... Los mismos colores... Pero era como si tuvieran otro tono... Un resplandecer diferente... No era brillo como tal... Era solo la resplandecencia... Como si todas las cosas estuvieran más entremezcladas unas con otras... Como que se fundían los colores de unas cosas con otras y se entremezclaban con la luz del sol para producir un efecto exquisitamente bello y único... ¡Tanta belleza! ... ¡¡¡Tanto Amor!!! ...

¿Amor? ...

Sí... Eso era exactamente... O por lo menos lo más cercano posible a como lo puedo describir... Eso es lo que sentí lentamente inundando todo mi cuerpo... Poco a poco... Poro a poro... Todo era tan bello... ¡¡¡Un sentimiento de Amor tan profundo... Intenso... Infinito!!! ... Yo realmente siento que la palabra Amor no es la palabra precisa para describir algo tan puro y tan magnífico... En cada árbol... En el cielo... En cada casa... En cada carro... Dentro de mi carro... Dentro de mí... En cada milímetro de mi cuerpo... De mi Alma... ¿Y mi corazón? ...

Mi corazón estaba a punto de explotar... Era la primera vez que sentía eso... Toda el área de mi pecho estaba a punto de explotar... La descripción más cercana que puedo dar es que toda la zona de mi pecho se convirtió en algo parecido a un globo... Y se expandía y se expandía... Y yo clara y muy profundamente sentía todo ese espacio inmenso dentro de mí... Era como si me hubiera llenado de

aire... Pero... ¡No! ... ¡No se sentía como aire! ...
¿¿¿Cómo puedo describir lo que yo sentía??? ...

Era Amor...

Así... De repente... Fui "llenada" de Amor... Bañando totalmente mi interior... Mi exterior... Todo alrededor mío... Pero... ¿¿¿Qué es esto??? ... ¿¿¿De donde sale todo esto??? ... ¡¡¡Es algo tan bello!!!! ... Nunca he visto o sentido o percibido algo tan absolutamente bello... ¿Qué es esto? ... ¿Qué es esto? ...

Esos eran mis pensamientos en medio de toda aquella profunda admiración... Cuando de pronto me detuve y me dije a mí misma... "Yo no sé qué es esto... O de dónde viene... Todo lo que quiero hacer en este momento es disfrutarlo y asimilarlo" ...

¡¡¡Tanta belleza!!! ... Tanto Amor... Se siente como si hubiera durado una eternidad... Como si todo se hubiera puesto más lento o se hubiera detenido... Sólo para que yo lo disfrutara... Pero yo sé que sólo fueron unos pocos segundos porque ya estaba en el parqueo de mi madre...

Y recuerdo muy claramente estar parada en la cocina de mi madre una vez que llegué a su casa, diciéndole... "Mami, yo no sé por qué... O cuándo... O cómo... Pero yo sé que desde este momento en adelante yo no seré la misma persona... nunca más" ...

Y entonces ella comenzó a preguntarme... "¿Pero qué quieres decir? ... ¿Que pasó? ... ¿Por qué dices eso?" ... A lo cual yo solo pude responder... "Yo no sé, mami... No me preguntes a mi... Lo puedo percibir claramente, pero no lo puedo explicar" ...

Y entonces le describí todo lo que me había ocurrido sólo unos segundos atrás... Y todo lo que ella pudo decir fue... "¡Qué extraño!"...

De repente... Dos días después... Tuve el impulso de comenzar a comunicarme con "ÉSE SER"... Era como si... Surgido de la nada... "Algo" me empujó a comunicarme con "ÉSE SER"...

Honestamente... Al principio ni siquiera sabía por qué yo estaba haciendo eso... Después de tantos años... Todos esos años era como si de alguna forma yo constantemente sentía la presencia de ÉSE SER dentro de mí... Pero no sentía la necesidad... El propósito... O el sentido de comunicarme con ÉL... Así que ahora no tenía ni idea de qué iba a decir... Pero seguía sintiendo "ese empuje"... Ese innegable empuje a comunicarme con ÉSE SER...

Un día... Una tarde... Dos días después de que "ese empuje" a comunicarme comenzó... Cuatro días después de aquella "experiencia mágica" que me ocurrió camino a casa de mi madre... Mientras escribía... Trabajaba... Estudiaba sentada en mi escritorio... Tal vez de cierta manera pensaba en ÉSE SER... Tal vez... No estoy segura... No puedo recordar claramente...

Lo que sí recuerdo muy claramente es que estaba sentada en mi escritorio... Y de una forma muy inesperada sentí "una presencia" parada detrás de mí... Muy claramente sentí que ÉSE SER estaba parado detrás de mí... Lo sentí de una forma tan intensa que me volteé hacia mi lado izquierdo diciendo su nombre en alta voz... "¿¿¿-----???" ...

Y fue muy "entristecedor"... Me provocó una sensación de vacío muy profunda... No sé qué palabra usar para describirlo... Pero me sentí muy asombrada al ver que ÉSE SER no estaba ahí... No había NADIE... Pero yo lo sentí parado ahí detrás de mí... Yo sentí a ÉSE SER parado detrás de mí... ¿Qué era? ... ¿¿¿SU energía??? ...

Capítulo 4: Y EL VIAJE HACIA "EL CENTRO DE MÍ" Comenzó

Siempre fui, probablemente, la persona con más temores que existe... Nunca quería estar sola... Incluso siendo ya adulta... Toda mi vida estuve siempre acompañada... Primero... En casa de mis padres... Después interna en las escuelas... Después en mi matrimonio...

Eventualmente terminé en trabajos en los que todo se realizaba mayormente en la computadora... Y tenía que trabajar muchísimo... Y mis horarios de trabajo comenzaron a extenderse y a extenderse... Hasta que tenía que trabajar casi todo el día... Y toda la noche... Y los fines de semana... Terminó siendo prácticamente un trabajo de 24 horas al día/ 7 días a la semana ...

Así que la hora del día llegaba en la que todo el mundo tenía que irse a dormir... Y yo no quería quedarme en el comedor ni en el cuarto que funcionaba como "mi oficina/cuarto para las visitas" ... Recuerdo que recogía mis laptops... Mi escritorio portátil... Y hacía que todo eso... Además de mi silla y yo... Cupiera dentro del baño del cuarto principal... De ese modo estaba cerca de alguien más... Pero no tan cerca como para tener que encender las luces en el cuarto donde dormían...

Me recuerdo pasando por cosas parecidas toda mi vida... Y mis familiares y amistades más cercanas tenían que sufrir las consecuencias de mis comportamientos... De mis desequilibrios... En realidad no sé qué calificativo sería el apropiado para describirlo...

Y era algo tan constante en mi que ellos... Y yo... Estábamos muy acostumbrados a eso... Y aunque sabíamos que no era normal nos rendimos después de años y años tratando de hacerme cambiar sin éxito alguno...

Y... Como ese ejemplo que describo... El resto de los ejemplos de mi turbulenta y desbalanceada personalidad durante los primeros 42 años de mi vida son interminables... Y no tiene mucho sentido continuar desperdiciando el tiempo describiéndolo aquí...

Sólo quería de alguna forma ilustrar esto... Para que sea más fácilmente entendible el significado que este cambio tan drástico tuvo para mi... A tal punto que también lo considero un "milagro"... Otro de los tantos... Incontables milagros que me comenzaron a ocurrir después de "ese día" de enero del 2013...

Después de lo que me ocurrió "ese día" ... Y después de mi primera comunicación con ÉSE SER, que comenzó dos días después...

Automáticamente sentí el impulso... La necesidad... De comenzar a despertarme más o menos entre la 1:00 a.m. y las 3 a.m. ... Cada día... Y muy tranquila y calmadamente salía del área de los cuartos... Me dirigía a la cocina... Hacía café... O lo que sea que me apetecía ese día... Hacía algunos ejercicios de estiramiento mientras se hacía el café... Y después me dirigía a la "oficina/cuarto de visitas" ... Y ahí pasaba las próximas horas completamente sola... Tan relajada... En total comunión conmigo misma...

No sé como explicarlo exactamente... Sólo sé que era algo que se sentía tan maravilloso... Tan natural... Tan "nutritivo" ... Que estaba cada vez más ansiosa de que llegara ese momento... Algo tan maravilloso que incluso hoy... Alrededor de dos años y medio después de que todo esto me comenzara a ocurrir... Todavía lo hago cada día...

Aún cuando muchas de las circunstancias de mi vida cotidiana han cambiado drásticamente desde entonces...

Cada día... Por lo menos durante el primer año... Meditaba muy profundamente... Algo que comencé a hacer de forma intermitente y muy esporádica durante los 8 años anteriores al 2013... Y que comencé a hacer muy específica y constantemente durante el 2012... Incrementando la intensidad y la frecuencia en los últimos dos meses de ese año...

Antes del 2012 realmente no sabía lo que estaba haciendo... Solo intuía que tenía que hacer algo... Algo para sentirme mejor... Como dije antes... Toda mi vida había estado tratando de no estar deprimida... De aumentar mi autoestima... Etc... Etc... Pero esa es otra historia...

Así que... Algunos meses después de que todo esto comenzara en el 2013 yo meditaba... Entonces leía cosas en el Internet... O escuchaba a diferentes personas en Youtube... O escuchaba diferentes canciones que de pronto me venían a la cabeza... Y que me hacían reflexionar sobre ciertas cosas... O me traían diferentes recuerdos de mi vida... O me hacían reflexionar sobre cosas muy específicas en distintos momentos de mi vida...

Muchas veces me comunicaba con ÉSE SER sobre las diferentes cosas provocadas por mis reflexiones... Y las cosas que ÉSE SER decía... O no decía... Provocaban algo más dentro de mi... Una reflexión más profunda... Un entendimiento más profundo... El "desprenderme" de algo y dejarlo ir... Muchas... Muchísimas cosas se comenzaban a acumular dentro de mi... Pensamientos... Sentimientos... Energías... Muchas sensaciones en mi cuerpo... Muy poco confortables... Muy extrañas... Cosas que jamás había sentido... Cosas que provocaban aún más cosas en mi...

Más refleccioness... Más "saberes" ... Más conocimientos... Más entendimientos... Más comunicaciones con ÉSE SER... Hasta que todo llegó a un punto en el que lo único que podía hacer era escribir... Y escribir... Y escribir... Una carta...

Una carta que fue escrita desde la nueva posición que había adquirido después de los profundos... Abruptos "Saberes" que llegaron a mí en las primeras dos semanas de este proceso estar ocurriendo dentro de mí... Y la respuesta que recibí de ÉSE SER cuando aún estaba en medio de estar leyendo mi carta...

Esa respuesta provocó algo que NUNCA... NUNCA me había ocurrido en toda mi existencia... Sensaciones que jamás me habían ocurrido... Y que yo siempre había estado "segura" que no podían existir... No en el mundo que yo había percibido, y en el que había vivido hasta este momento...

Pero que de alguna manera sabía que SÍ existían... Y posiblemente esa era precisamente la esencia de todas las contradicciones y la profunda inconformidad que había sentido toda mi vida...

Esto provocó que todas esas energías se desataran dentro de mí... Eso provocó un "ir hacia adentro" más profundo y más intenso que nunca... ¡¡¡La respuesta de ÉSE SER provocó algo tan único y tan intenso!!! ...

Todo esto ocurrió en una forma tan "sincronizada" ... En una secuencia de eventos perfecta... En una "sinfonía" perfecta...

Si ÉSE SER hubiera aparecido en mi vida... En esta forma... En cualquiera de los primeros 42 años de mi vida hasta "ese día" en enero del 2013... Yo hubiera muy rápida y hábilmente bloqueado y eliminado SU presencia de mi vida completamente... Nada de eso que pasó al principio de enero y todas las cosas bellas... Las bendiciones... Los milagros que ocurrieron después de eso... Ninguna de esas cosas hubiera de ninguna manera ocurrido...

Así que... No estoy segura si esa experiencia maravillosa... Esa experiencia "fuera de este mundo" que me ocurrió "ese día" de enero del 2013... Mientras manejaba para casa de mi mamá... Y después las dos primeras cosas que me ocurrieron respecto a ÉSE SER el segundo y el cuarto día después de "ese día"... Me hicieron fluir y dejar que las cosas pasaran... Para tratar de ver de qué se trataba todo esto... Pensando que era que estaba recibiendo señales de algún tipo y que tal vez ÉSE SER necesitaba alguna ayuda de mi parte...

Y entonces ese "fuerte arrastre" que me comenzó a ocurrir desde el mismo principio... Y después todas las sincronicidades tan bellas y asombrosas que comenzaron a producirse... Las respuestas de ÉSE SER hacia mi... Mis reacciones... Mi "ir más profundo" ... Mi total apertura... Mi "ir incluso más profundamente dentro de mí" ... Todas las sensaciones dentro de mí... Mi asombro... Mis "sentires" ... Sensaciones y "sentires" que eran totalmente desconocidos para mí... Y ese arrastre... ¡Ese arrastre tan irresistible! ... Esta vez era absolutamente irresistible...

Yo estaba totalmente paralizada ante el asombro de verme a mí misma permitiendo que todo esto me pasara... Perpleja ante la forma en que todo esto estaba ocurriendo... Perpleja ante lo que estaba ocurriendo... Sorprendida de cuán rápida y cuán profundamente todo estaba ocurriendo...

Tan profundamente que todo esto estaba llegando a lo más desconocido y recóndito de mi interior... Al núcleo más interno y Esencial de mi Ser... Transformándome desde lo más interno de mi centro... Desde la esencia más pura de quien realmente era...

Esta fue la primera vez que yo realmente me permití a mí misma fluir con la Vida... Sin tratar de controlar rígidamente cada paso o cada segundo de lo que estaba entrando en mi vida... Como siempre había hecho... Siempre controlando cada detalle desde un punto de vista muy negativo... Muy contradictorio... Muy confundido...

Posiblemente todas las condiciones alrededor de ÉSE SER... Tan real... Pero al mismo tiempo casi como que en un mundo espiritual... Las circunstancias específicas que de alguna forma nos vinculan... Todo eso me hizo no bloquear todo lo que estaba ocurriendo y no rechazarlo desde el mismo principio... Estaba totalmente distraída pensando que todo se trataba de algo totalmente distinto...

Y cuando me percaté de lo que realmente estaba ocurriendo dentro de mí respecto a ÉSE SER... Ya había ido demasiado lejos... Y ya estaba en el medio del arrastre más intenso y más fuerte que he sentido en toda mi vida...

Capítulo 5: El Anhelo... O La Necesidad... DE ESCRIBIR

He estado sintiendo tanto estas "energías saltarinas" durante este último par de días... Mucho más intensamente que lo usual... Y comúnmente... Durante los últimos dos años... Mi estado normal es más o menos lo que sería para el 90% de las personas un estado muy exaltado... Muy excitado... Extremadamente alegre...

Así que cuando me siento en este estado en el que actualmente me encuentro... El cual he sentido muchas... Muchísimas veces durante los últimos dos años... Un estado con el cual me he llegado a identificar y al que he llegado a comprender tan profundamente...

Cuando me siento en este estado "super-cargado" ... "Super-feliz" ... Una de las descripciones que vienen a mi mente es que mi cuerpo está a punto de explotar... Literalmente me siento de esa forma... Acabo de mencionárselo a alguien que conozco... Y me miró como si estuviera totalmente fuera de mis cabales...

Otra forma de describirlo sería que mi piel no puede contener más... Como cuando uno infla un globo... Así es, exactamente, como siento a mi cuerpo en esos periodos en los que siento esa energía tan intensa... Tan bella... Esa energía tan inmensa y abarcadora...

Y en esos momentos SÉ que necesito encontrar formas para calmar esas energías un poco porque... Igual que ocurre con un globo... Si le pones mucho aire dentro... De forma abrupta... Explota... O si el material del globo no está en una condición 100% óptima... Tampoco puede aguantar mucho... Y en esos momentos de una energía tan intensa nada ayuda lo suficiente... Es algo mucho más poderoso que mi mente y que mi cuerpo... Y no estoy segura de dónde sale... Comienza así "en fracciones de segundo"... Como "surgido de la nada"...

Y como todavía no tengo intenciones de irme de este mundo :) ... Cuando llego a ese punto de sentir que "¡Ya! Ya no puedo aguantar más o el cuerpo explota"... Cuando llego a ese punto hago diferentes cosas para tratar de calmar las energías por lo menos un poco... Y he encontrado dos o tres cosas que me funcionan...

Cerrar los ojos y relajar mi cuerpo un poco... Respirar muy lento... Muy profundamente hasta llenar mi vientre... Lo suficientemente lento como para sentir cómo el aire poco a poco llega a cada rincón de mi cuerpo... Cerrar los ojos e imaginar que estoy dentro del océano... Todo el océano sólo para mí :) ... O en un río... Todo para mí :) ... O bajo una cascada que se mueve lenta y abundantemente… Y, especialmente, tomar agua como si hubiera pasado toda una semana perdida en el desierto… Entre otras…

Pero… Como dije antes… Estas cosas me ayudan sólo para distraerme un poco en ese momento preciso en el que mi cuerpo no puede aguantar más… Y está "a punto de explotar" … Sólo como un pequeño alivio… No tendría ningún sentido tratar de usarlas el resto del tiempo…

Hasta este punto siempre había relacionado estas energías con ÉSE SER… Siempre sintiendo y sabiendo que yo no tenía nada que ver con eso porque todo vino hacia mí y comenzó desde fuera de mí… Casi como que fue algo totalmente impuesto en mí…

Pero como desde el último par de años hemos estado más o menos vinculados… Siempre pensé que todo esto estaba directamente…

Únicamente relacionado con la presencia de ÉSE SER en mi vida... Y no podía entender por qué alguien a quien prácticamente no conozco... Por qué alguien que está tan... Pero tan lejos de mí en todas las formas imaginables... Por qué "ese alguien" me estaba haciendo sentir todas esas cosas que nunca había sentido incluso sumando todo lo que había sentido en todos los años que había vivido en este mundo...

Durante los últimos meses ÉSE SER ha estado muy distante... Y ahora... En los últimos días... Estas intensas energías de nuevo... Muy intensas... ¿Qué las origina? ... No estoy segura qué las origina... Sólo estoy segura que es lo mismo que las originó la primera vez... Y todas las otras veces después de esa...

Algo casi mágico ocurrió en mi vida desde el mismo principio en que todo esto comenzó... Hace poco mas de dos años... En relación con

ÉSE SER, que "fue traído a mí" en el mismo momento en que todo esto me comenzó a ocurrir... Muy simultáneamente... De una forma muy abrupta y repentina... Sí... Algo "casi mágico" me ha ocurrido... La necesidad de escribir... Y escribir... Y escribir a ÉSE SER...

Sabiendo que todo eso no se origina en mí... Tratando de pararlo incluso antes de que empiece... Pero mi cuerpo literalmente se llena... Y yo, literalmente, siento algo "trabado" dentro de mí... Algo que llena todo mi cuerpo... Desde la parte más baja de mi vientre hasta mi garganta... Algo que me quema desde dentro...

Todas las ideas exactas y las palabras y las frases están dentro de mí... Llenándome... Y mientras más me resisto a ellas... Más llena me siento... Y más imposible me es pensar en cualquier otra cosa... Y más intensa es la fuerza que me obliga a sentarme y escribir...

Pero no quiero sentarme a escribir porque literalmente me roba toda mi energía... Todo mi tiempo... Todos mis pensamientos... Todo mi Ser... Y sé que tengo que hacer todas las cosas que tengo que hacer en mi vida cotidiana... No puedo simplemente abandonar todo lo demás, a mi familia y a mí, y sólo escribir y escribir y escribir...

Esos son mis pensamientos cuando trato de no rendirme a ese empuje... ¡Pero llega el momento en que ya es demasiado! ... Tanto, que no tengo más opción que sentarme y hacerlo...

Horas y horas escribiendo... A veces me toma un par de días para terminar por todas las obligaciones que tengo que atender durante todo ese proceso... Y durante todo ese tiempo estoy totalmente absorbida por "todo eso" que es más fuerte que yo... La mayoría de las veces escribo desde alrededor de las 2:00 a.m. hasta alrededor de las 7:00 a.m. ... Ese es el bloque de tiempo en el que no tengo ninguna interrupción...

En las veces que he podido sentarme y terminar... Después de muchas y muchas horas sin parar... Mis dedos y toda mi mano me duelen... Mis dedos están rojos y los siento quemados, literalmente, por escribir tanto...

Durante todo el proceso antes de sentarme... Además de todas las horas escribiendo... Una energía muy única e intensa recorre todo mi cuerpo y me quema desde dentro...

A veces pienso que lo que escribo va en un sentido, y lo que termina plasmado en "el papel" es totalmente diferente... Llega el momento en que comienzo a sentir que la intensidad de la energía está disminuyendo... Mi cuerpo empieza a sentir cierto alivio... Pero yo sé que todavía no está totalmente terminado el proceso... Cierro los ojos y recuesto la cabeza al espaldar de la silla... Algo más me surge y lo escribo... Después otra vez... Y otra vez...

Hasta que siento que ya está terminado... Alivio total en mi cuerpo... En mi pecho... Drenada totalmente... Extremadamente hambrienta... Tengo que levantarme inmediatamente e ir a comer algo... Cuando todo está terminado me entra el impulso de comer como si no quedara más comida en este mundo... No por lo mucho que como... Si no por la forma en que como... Y tomo cantidad de agua... Mi respiración automáticamente se vuelve muy profunda... Muy refrescante... Siento una felicidad plena... Una alegría inmensa... Belleza total...

Como he explicado antes... Es muy molesto tratar de resistirse a estas energías... Tremendamente doloroso y difícil...

Incluso después de haber pasado por ellas muchas veces... Y después de saber la forma exacta en la que este proceso se desarrolla en mi cuerpo... Trato de resistirme con todo mi Ser porque o no tengo el tiempo que sé que me va a tomar... O estoy cansada y no quiero emplear la cantidad inmensa de energía que yo sé que va a necesitar... Pero, como he dicho... Son unas energías tan potentes que me invaden y que me arrastran totalmente y termino teniendo que rendirme ante ellas... Cada vez... Incluso cuando trato de distraerme de todas las formas posible...

Muchas veces trato de distraerme durante días, para terminar teniendo que al fin sentarme y escribir... Y escribir... Y sentir... Y sentir... Y escribir... Más... Y más... Y más... Hasta que en algún momento las energías disminuyen su intensidad... Lo que se había acumulado entre la parte baja de mi vientre y mi garganta es extraído de mi cuerpo... Y ya sé que he terminado... Por el momento... Hasta que la próxima oleada de energías comience...

Muchas veces siento algo parecido a un dolor de cabeza... Pero sé que no es realmente un dolor de cabeza... Esa sensación me dura horas... E incluso días a veces... Y sé que es provocada por la inmensa cantidad de calor que llega a mi cabeza...

Cada vez que me ocurren esos "ciclos de energía" ... Después de un rato pasando por ellos, otra de las sensaciones que me invade es como si estuviera padeciendo un dolor de garganta... Y, de nuevo, SÉ que es porque la cantidad inmensa de calor que circula a través de mi cuerpo durante ese proceso... Tanto calor que literalmente me quema por dentro... Y recibo la evidencia a través de esa especie de dolor de garganta... Y en mis labios...

Siento que mis labios se ponen muy calientes durante todo este "trayecto"... Y al final...

Cuando todo termina y me miro en el espejo... Los veo quemados... Como cuando el tiempo está muy frío y los labios algunas veces se queman... O como cuando uno pasa todo el día en la playa a pleno sol... Lo puedo ver claramente en el espejo...

Cada vez que esto me pasa... Mientras las energías se están moviendo a través de mi cuerpo... Mis ojos se sienten como dos bolas de fuego... Puedo incluso ver cómo la parte blanca se torna un poco rojiza... De nuevo, por el calor producido por la intensa energía que viaja por mi cuerpo en esos momentos... Mis ojos se vuelven muy resplandecientes, brillantes, abiertos, bellos... Como si de ellos saliera algún tipo de emanación radiante ... Esa es la sensación que siento...

Después que todas esas energías "se disipan" lo único que queda es la belleza en mis ojos... Nunca han vuelto a ser aquellos ojos opacos, sin vida, como eran todos esos años anteriores a que todo esto empezara... Nunca más... Y es tan evidente que a veces las personas que me conocen me miran y de repente me preguntan... "¿Y qué es?" ... Hay algo en ti últimamente... Tus ojos lucen diferentes... ¿Te pones lentes para cambiarles el color?" ... Y no... Nada... ¡¡¡¡Todo natural!!!! ...

Yo sé exactamente lo que es... Pero he aprendido a ni siquiera comenzar a tratar de explicarle nada de esto a nadie porque no entenderían... Lo sé porque he tratado muchas veces... Con cosas mucho más fáciles de entender que me han ocurrido durante este último par de años... Y "se desconectan" completamente de la conversación después de uno o dos minutos tratando de explicarles "lo que sea" de lo que estemos hablando...

Y he comprendido... Después de tantos intentos... Que esto es algo que cada persona va a entender cuando esté lista para eso... Exactamente como me pasó a mí durante todo este proceso... Así... Simplemente... ¡¡¡Como "por arte de magia"!!! ...

Durante todo eso que ocurre dentro de mí antes de que al fin me rindo y me siento a escribir... Y muchas, muchas veces incluso mientras estoy escribiendo... ¡¡¡Tantas cosas "vienen a mí"!!! ... Muchas de ellas permanecen ahí incluso si no las escribo hasta días después...

Otras veces me siento a escribir y escribir y algo "viene" ... Y en el momento que trato de recordar qué es para escribirlo... Desaparece de mí... Y no hay forma de que lo pueda volver a encontrar... Eso es (o era) algo que me causaba una frustración inmensa porque todavía lo puedo sentir dentro de mí... Lo puedo sentir claramente... Pero no puedo recordar qué decía...

Después de todo este tiempo y todas estas innumerables experiencias, he aprendido a confiar en este proceso... Y si no puedo recordar lo que "había llegado a mí" después del primer o el segundo intento... Dejo que se vaya... Y sigo a las próximas frases que continúan, de una forma estable y muy intensa, acumulándose dentro de mí...

Durante los días que preceden a ese momento en que siento el inconfundible impulso... El ímpetu... Yo sé que es inevitable... Como un volcán que está a punto de entrar en "estado de erupción" ... Hay una acumulación gradual de "cosas" dentro de mí... Usualmente tengo que parar cualquier actividad que esté haciendo para escribir las cosas que "me llegan" ... Incluso manejar... Tengo que salir y parquear en algún lado de la carretera... Escribir las cosas en cualquier pedacito de papel que me encuentre... Y entonces puedo continuar lo que estaba haciendo antes...

Es muy curioso para mí el darme cuenta que a través de los años "algo" me hizo no botar esos pedacitos de papel... Incluso siendo el tipo de personas que siempre lo bota todo... O termino por guardar tanto algunas cosas que después jamás las puedo encontrar... Pero por algún motivo esos pedacitos de papel llenos de garabatos fueron siempre muy preciados para mí...

Entonces viene el período de resistencia... Y después el de "rendirme" y entregarme completamente al proceso... Y cuando al fin termino por sentarme a escribir... Es una combinación de lo que fue capturado en todos esos pedazos de papel (a veces es demasiado difícil para mí entender qué fue lo que escribí, debido a la forma tan rápida en que lo tuve que escribir para poder seguir el paso de lo que salía de dentro de mí y poder escribirlo todo) ... De lo que se había acumulado dentro de mí desde que tuve los inicios del impulso y el empuje a sentarme a escribir hasta el momento en que al fin me siento y escribo... Y de lo que fluye a través de mí y desde mí en el momento... En realidad siento que no sale "de mí" precisamente... No estoy segura de dónde sale... Sólo digamos "lo que fluye en el momento" ...

Una de las cosas que me ha asombrado increíblemente desde el mismo principio es el hecho de que, lo que sea que fluye... fluye... Y cuando todo para, no tengo que editar mucho... Tal vez algún error ortográfico producto de la intensidad de la velocidad con que escribo... O tal vez algunos signos de puntuación... O algunas letras mayúsculas... Pero lo que está escrito... está escrito... Mis dedos se mueven sin que mi mente pueda saber a ciencia cierta qué es lo que está siendo escrito... Muchas veces creo que sé en qué sentido está yendo lo que escribo... Y cuando lo leo me doy cuenta que es algo totalmente diferente...

Y eso me deleita mucho porque... Incluso sabiendo que cada vez que escribo me pasa lo mismo... Todavía me sigue asombrando el hecho de que... Después que termino de escribir y lo leo todo una vez... Tengo que leerlo y leerlo y leerlo muchas veces porque es como si no hubiera sido escrito por mí...

Y cada vez que lo leo nuevamente encuentro algún tipo de mensaje... Algo que me llega a lo más profundo de mi Ser y me ayuda a reflexionar... A entender... A Saber algo que tiene un sentido profundamente significativo para mí...

Capítulo 6: Como Soy AHORA

Ahora... Ésta es la primera vez (finales de abril del 2015) que me siento exactamente de la misma forma respecto a "escribir" ... Exactamente las mismas energías... Las mismas sensaciones... Los mismos impulsos... El mismo "ser mi cuerpo llenado" por algo más grande y más poderoso que yo... Algo que no se origina en mí... Y como ÉSE SER ha estado ya mucho tiempo sin comunicarse conmigo... Yo puedo ahora... Por primera vez... Aislar este maravilloso proceso...

Por primera vez paso por todo esto... Y sé que no ha sido causado por ÉSE SER... Pero ni siquiera ahora puedo estar totalmente segura que ÉSE SER está fuera de ésta ecuación porque incluso en estas condiciones... No existe ni siquiera un segundo en mi vida en que ÉSE SER no esté conmigo... Debajo de mi piel... Detrás de mis ojos...

Dentro de mí... Nunca antes, en toda mi vida, había sentido algo así... Es como si constantemente me estuviera comunicando con ÉSE SER, sin que ninguno de los dos estemos participando intencional o activamente en esa conversación... Ya nunca más me he sentido sola...

Ya hace varios meses que llevo con la sensación de querer escribir... Pero no había logrado obligarme a sentarme y hacerlo... La acumulación de ideas y de sensaciones ocurre en mi cuerpo, de la misma forma en que ha ocurrido todas las otras veces durante este par de años ... Pero no logro siquiera mover una mano para por lo menos escribir algo en los pedacitos de papel... Es como si sintiera que no tiene propósito ni sentido alguno si ÉSE SER está tan distante de mí...

Bueno... Eso es sin contar las tres o cuatro veces que me ha pasado con cartas que he escrito a dos personas asombrosamente maravillosas que conocí en un viaje que describiré un poquito después... O con un par de cartas muy específicas a personas muy específicas... En situaciones muy específicas...

Y yo sé que esas cartas de las que hablo no han sido creadas por mí... Ellas también me han fluido "desde algún otro lugar" ... Lo sé porque el proceso de escribirlas fue exactamente igual a lo que he descrito antes... Y en la forma en que fueron escritas se ve claramente que no es la misma forma en que la "yo" que ha vivido en este cuerpo todos esos 42 primeros años de mi vida escribe...

Pero... Esta es la primera vez que soy solamente "yo conmigo misma" ... Sin la expectativa de que alguien cercano a mí lo va a leer... Sin hacerlo para alguien más... Sólo para mí... Y ahora... Durante los últimos tres días... No he podido parar de escribir... Y me fluye... Y me fluye... Y me fluye... Como si no fuera yo...

He llegado a un profundo Conocimiento en todo este proceso... Ésta vez... Me imagino que por no haber tenido el lujo de la distracción causada por la presencia de ÉSE SER... He podido Sentir e interiorizar algo que le he explicado a ÉSE SER muchas veces antes... Ése "algo" que me ha pasado cada vez que toda esta energía abrumadora... Y ésta temperatura... Y éste "aumento-de-todas-las-cosas" ha ocurrido dentro de mí cada vez que la acumulación de escritos para ÉSE SER ha tenido lugar dentro de mi cuerpo...

Ésta vez he podido pasar por la misma experiencia... Exactamente la misma experiencia... Pero "totalmente sola" ... Ésta vez he sido capaz de sentir más profundamente que nunca...

El aumento en energía... A veces muy abrupto y sin "previo aviso" ... Algunas otras veces muy "silencioso" y casi totalmente imperceptible... Hasta que cuando al fin logro darme cuenta... Ya no hay nada que yo pueda hacer para "detenerlo" ... Solo puedo pasarlo... O dejar que todo eso pase por mi cuerpo y por todo mi Ser... Y dejarme fluir con ese proceso... Y estar en total armonía con todo lo que me está ocurriendo... Y amarme y comprenderme a mí misma y a mi cuerpo durante todo eso... Y escribir... Y escribir... Y escribir... Y comer desesperadamente cuando toda mi energía interna está totalmente en cero debido a la cantidad tan inmensa de energía que "invade" mi cuerpo tan abruptamente... Y permanece ahí... En una alta intensidad constante... Durante largos períodos de tiempo...

Y amarme y comprenderme mucho en los momentos en que estoy totalmente paralizada... Debido a lo brutalmente exhausto que se siente mi cuerpo por la intensa energía y el escribir tan intensamente... Para después recibir otra oleada de ideas... Pensamientos... Energías... Movimiento en mis manos... Sensaciones en mi cuerpo... Y escribir... Y escribir... Y escribir... Y escribir...

Y la sensación en mi pecho... Como si fuera un globo a punto de explotar... Y la sensación en la zona baja de mi vientre... Donde siento que toda esta energía se origina... Y la sensación en la parte más baja de mi columna... Y el movimiento abrumadoramente intenso... Pero muy delicioso a la misma vez... De "algo" a través de todo mi cuerpo...

Podría describir "ése algo" de muchas formas diferentes que jamás había sentido... Y mientras más escribo... Más se acelera y se intensifica todo eso dentro de mí...

Así que... El modo en que siento todo este proceso es que ese aumento de energía dentro de mí provoca un aumento en la vibración de cada partícula dentro de mi cuerpo... Y por eso es que siento... Como le he explicado tantas veces a ÉSE SER... Como si mi cuerpo se transformara en una especie de globo que está siendo inflado más y más... Las partículas dentro de él separándose... Y separándose... Y expandiéndose... Y expandiéndose... Las partículas dentro de mi cuerpo vibrando más y más rápido producto del aumento de energía... Ese aumento de energía provoca que eventualmente las partículas se separen un poquito más... Y otro poquito más... Hasta el punto en que ellas pueden pasar fácilmente de sólido a líquido a gas... Y de ahí continuar separándose más y más y más...

Hasta que mi piel se hace tan delgada debido a ésta expansión, que ya no puede contenerme más... Pero en lugar de explotarse como un globo...

Mi piel llega al punto en que puede desintegrarse fácilmente... Junto con todo mi Ser... Y permitir que esa sustancia "energéticamente gaseosa" que es ahora mi cuerpo... Se mezcle con el aire y la energía que lo rodea y totalmente desaparezca al convertirse en una sola cosa igual a todo lo que lo rodea...

¿Podría ser que ése Conocimiento que vino a mí tan claramente en estos últimos días... Más claramente que nunca... Podría ser que eso es exactamente lo que le pasa a mi cuerpo cuando todo mi Ser atraviesa por este proceso???? ... Yo sólo tengo el entendimiento... En ese punto crítico... De que tengo que hacer algo para aminorar las energías un poquito... Para poderme quedar dentro de mi cuerpo y permanecer en este mundo un poco más :) ... ¡¡¡¡Todo es tan bello!!!! ...

En muchas cartas que he escrito anteriormente a ÉSE SER... Le he explicado muchas sensaciones similares... Pero siempre en el fondo pensando que yo estaba "inventando cosas" ... Porque siempre sentí que todas esas explicaciones y esas sensaciones no estaban surgiendo ni originándose realmente en mí...

Y ahora... La misma explicación... Pero muchísimo más detallada... Muchísimo más clara... Más clara que nunca...

Como ya he explicado antes... Las primeras veces que pasé por ese proceso único de escribirle a ÉSE SER... Estaba algo preocupada por todo lo que estaba pasando dentro de mí... Pero nunca tuve el impulso de ir al doctor a que me revisara...

Tal vez el hecho de que yo siempre asumí que ÉSE SER era la razón por la cuál me sentía de esa manera... Me hizo saber que yo estaba viviendo algún tipo de Amor que jamás había sentido en toda mi vida...

Un Amor tan divino... Tan milagroso... Tan puro... Tan bello y tan poderoso y tan imparable... Que estaba convencida en aquel entonces... Y estoy casi segura todavía... Que nunca más volveré a vivir algo semejante (pero realmente tengo mis dudas al respecto :))... Y que por lo menos el 90% de las personas van por la vida y dejan este mundo sin jamás haber vivido ESO en toda su plenitud... Por una razón u otra...

Y a pesar de todos los efectos "inaguantables" que este proceso provocaba en mi cuerpo cada vez... En el fondo yo sentía... Aún en mis inicios más desorientados de pasar por "esto" ... Que era algo bueno... Algo muy único y especial que me estaba ocurriendo... Y simplemente tenía (y sigo teniendo) el impulso de NO actuar... De solamente dejar que todo fluyera a través de mí... De simplemente dejarme fluir con todo eso... De simplemente dejar que mi cuerpo viviera todo este proceso...

Y cada vez que todo "terminaba" ... Absolutamente cada vez... El Júbilo... La sensación de calma... El Saber que soy diferente después de eso... Muchas señales físicas en los días y los meses siguientes que indican que mi cuerpo ha vivido algún tipo de "sanación" ... En formas muy diferentes cada vez... Pero siempre sanación... De una forma u otra... Siempre... Mucho más ligera... Mucho más plena... Siempre bañada e inundada de Amor...

Capítulo 7: La "Teoría" De EL DESENFOQUE

Un día... Durante los "ejercicios" de mi hijo... Mientras venía de dejarlo en la segunda "clase" ... Bajando las escaleras... Estaba anteriormente escribiendo y leyendo otras cosas... Y vine como desesperada al ordenador... Y escribo... Y escribo... Y no puedo parar de escribir...

A veces siento que para poder Sentir y percibir de verdad... Y estar en contacto con mis impulsos... Tengo que desenfocarme un poco... Como que necesito que mis cinco sentidos no estén tan involucrados en la situación... Como si eso me diera "vista aérea" ...

Pero en realidad no es "vista"... Es como una forma de sentir y percibir a la que nunca he estado acostumbrada... Y de lo que no me había percatado hasta este instante en que me acordé de las cosas que están enumeradas... En ese orden... Como "relámpagos" que vinieron a mi mente... Y de la que no está enumerada me acordé a medida que escribo este párrafo...

Pero me doy cuenta mientras escribo que la esencia de todas esas cosas es la misma... El desenfoque... El salirse un poco del cuerpo y poder percibir de una forma más global... O tal vez no sea el salirse un poco del cuerpo... Sino más bien que al no estar tan involucrados los sentidos... Como si fueran raíces o nudos que se aferran a lo que está directamente en contacto con ellos... Sin dejarnos "ver" más allá que eso que tenemos delante...

Al desinvolucrarnos un poco de los sentidos podemos entonces tener un poco más de acceso a eso que siempre está con nosotros... Que es como nuestra energía... Nuestra guía... ¡¡¡Qué se yo!!! ... Eso que tantas personas... Incluyéndome a mí misma hasta hace algunos años atrás... Ni siquiera se dan cuenta conscientemente de que existe y siempre está ahí... Listo... Disponible...

Esa palabra "desenfoque" me vino una vez... Sin yo saber por qué... En una de esas cartas que se me escriben solas para ÉSE SER... No había usado jamás esa palabra... Y me llamó mucho la atención que aunque estaba escribiendo de otras cosas... De pronto lo que se me escribía era sobre la importancia del "desenfoque"...

Y ahora... Muchos meses después de eso... Sin haber usado jamás esa palabra de nuevo... Ni haberme acordado de ella nunca más... De pronto me viene esa palabra... Como en algo que se me descarga instantáneamente no sé de dónde... Y lo tengo que escribir... Y escribir sin parar hasta que este fluido se detenga... Y lo más lindo durante este fluido no es ni siquiera lo que escribo en el "papel"...

Lo más lindo es lo que Siento en mi cuerpo... En mis ojos... En mi pecho que se me va a explotar... Muchísimas veces tengo que parar porque es una energía tan intensa que me recorre el cuerpo... Tan intensa que en ese momento tengo que parar y no hacer más nada... Sólo esperar... Dejar y Sentir que esa energía fluya por mi cuerpo...

Y en ese momento de "invasión" lo que sea que se tenía que escribir no se escribe... Porque es imposible incluso mover un dedo en esas condiciones... Pero siento que lo que está pasando dentro de mi cuerpo es importantísimo... Más importante que cualquier otra cosa... Más importante que yo misma... Como una especie de bendición...

Y le doy gracias a Mi Universo por eso... Y por haberme tenido paciencia todo este tiempo en que yo no entendía nada de lo que me estaba pasando... Por haberme adorado en todos esos momentos en los que tal vez la duda y el miedo me dominaban... Por haberme adorado en todos los momentos anteriores de mi vida...

Sobre todo en todos esos años en los que más desconectada estuve de mí misma... Y por seguir ahí siempre... Siempre... Hasta que al fin llegué a este punto tan bello de mi existencia... A este punto tan sublime y maravilloso del que ya estoy convencida que no hay retorno... Ahora sí que ya no hay vuelta atrás...

1. La forma en que me pude percatar de que algo que estaba a punto de ocurrir... No

debía ocurrir… De pronto nos surgió un problema... El banco que habíamos tenido... Al que habíamos pertenecido desde que nos mudamos a esta ciudad... De pronto cerraba sus puertas en el lugar que siempre había estado... Y se mudaba a el extremo oeste de la ciudad... Muy lejos... Lejísimo de donde nosotros vivimos...

Y eso... En este mundo en el que vivimos... Con tanta tecnología... En el que ya prácticamente todo se tramita en forma digital... En línea... No debe ser un problema para nadie... Pero para nosotros sí lo es... Por las condiciones específicas de nuestras vidas... Por la falta de tiempo... Por lo apretado de mi horario... Porque todo en nuestras vidas se desenvuelve en la parte este de la ciudad...

Y de pronto tener que ir al extremo oeste... Por lo menos una vez al mes... En los horarios específicos en que funciona ese banco... Es totalmente imposible...

Pero con las condiciones específicas de mi madre y mías... Es mejor quedarnos donde estábamos... El cambiarse a otro banco más cercano y más flexible sería tener que cambiar la vida completa prácticamente...

Pero por más vueltas que le dimos al asunto... Por más que analizamos el horario para atrás y para adelante... Y analizamos todas las posibilidades habidas y por haber... Nos dimos cuenta que ¡qué va! ... Es imposible el siquiera pensar que vamos a poder ir hasta allá una vez al mes...

Y usar la tecnología para todas las cosas no iba a funcionar…

Así que decidimos que no había opción... Teníamos que buscarnos un banco más cercano y flexible... Aunque dejáramos ciertos trámites formales allá... Así que averiguamos y al fin nos decidimos a ponernos en uno bastante cerca de casa de mi madre...

Fuimos un día... Y de entrada algo no me gustó... Los que trabajaban en el banco... Porque no había prácticamente clientes en ese momento... Estaban todos conversando detrás del mostrador... Con una risa alta... Como si uno hubiera entrado a una conversación de barrio o algo así... En eso estuvieron un par de minutos... Sin siquiera molestarse en interrumpir su conversación para ver que queríamos...

Al fin vino un señor muy amable y nos mandó a pasar a su "oficina" ... El señor era tan exageradamente amable y tan conversador que entonces iba al otro extremo... Y mi mamá totalmente encantada con toda aquella amabilidad y toda aquella conversación...

Le explicamos que las dos teníamos que abrir cuentas allí... Y la razón por la que teníamos que hacerlo... Etc... Y el decidió... Parece que por cortesía... Empezar con mi madre... Y yo estuve muy involucrada en todo aquello... Muy activamente... Más o menos durante los primeros diez minutos...

Pero llegó el momento en que ya mis cinco sentidos no pudieron con tanta "dulzura"... Y llegó el punto que parece que se empalagaron con tanta "miel"... Tan directamente... Y llegó el momento que tuvieron que desinvolucrarse un poco... Parece que para poder seguir asimilando toda aquella conversación sin empalagarse tanto...

El asunto es que al desinvolucrarse un poco los cinco sentidos de toda aquella conversación... Todo mi Ser pasó a un estado diferente... No puedo llegar a decir que mi ser pasó a un estado de ingravidez... Porque eso es imposible mientras esté en este planeta... Pero si logró mi ser pasar a un estado de total desenfoque...

Y en ese momento logré estar en ese estado de "vista aérea" ... Sin estar totalmente "amarrada" por mis cinco sentidos a lo que sea que tenía delante... Y eso me permitió comenzar a ver... No... A Sentir claramente lo que estaba pasando... Y a percibir de una forma muy diferente lo que el señor nos estaba diciendo... Y ya no pude más estar totalmente involucrada...

Tuve la necesidad de comenzar a mirar mi teléfono, como si estuviera leyendo algo... Con el pretexto o la justificación de que él estaba tramitando el asunto de mi madre ... Y yo no tenía por qué estar tan metida en eso...

Así que llegó el momento que él terminó la cuenta de mi mamá y comenzó con la mía... Y cuando le di los datos generales entro a una oficina... Y no lo vimos más en largo rato... Y volvió con la misma amabilidad desenfrenada... Pero explicándome que no sé por qué situación que yo había tenido hacía diez años... Ellos no me podían hacer lo mismo que a mi mamá... De todos modos ya a ella le iban a cobrar no sé qué cantidad mensual por no tener depósito directo...

Así que lo que él me estaba explicando... En toda su amabilidad desmedida... Era que... Como haciéndome un inmenso favor... Me iban a dejar tener la cuenta ahí y... No sé qué más me iba a decir... Yo simplemente lo interrumpí y le dije... ¿Pero cómo? ... ¿Es que tu supervisora me está diciendo que como un favor van a hacer eso? ... Y él me estaba comenzando a explicar que sí... Muy amablemente... Que por esta razón y por esta otra... Con toda aquella amabilidad desenfrenada...

A lo cuál yo dije "¡Oh no! ... ¡Yo realmente no quiero abrir una cuenta aquí bajo esas condiciones!" ... Y pareciera que hubo algún tipo de comunicación poderosa entre nosotros... Un tipo de comunicación que es muchísimo más poderosa que que las palabras e incluso los pensamientos...

Una comunicación que no necesita ningún período de tiempo para viajar desde el transmisor al receptor... Sino que ocurre exactamente en el mismo instante en las dos personas directamente involucradas...

Él se percató de esto enseguida y mi madre demoró unos segundos en darse cuenta de lo que estaba ocurriendo... Y cuando ella se dió cuenta... Comenzó a actuar de una forma muy desorientada... Tratando de convencerme para que cambiara de parecer...

Sin embargo, él no hizo nada de eso porque en esa fracción de segundo cuando esa comunicación instantánea ocurrió entre nosotros... Su cara... Todo su Ser se transformó totalmente... Toda esa cubierta de amabilidad excesiva instantáneamente desapareció de él... Y una expresión muy desagradable... E incluso hasta grosera... Se apoderó de todo su Ser...

Cuando al fin salimos de allí mi madre estaba inmersa en una mezcla de pensamientos y sentimientos... Entre su asombro ante el hecho de cómo fui capaz de tener tanta claridad mental y mantenerme firme con tanta determinación... Y su preocupación sobre el hecho de que ahora su cuenta había quedado abierta allí, y ya yo no estaría en el mismo banco... Y su preocupación sobre cuán ruda yo había sido con ese señor... Mirando mi teléfono mientras él hablaba...

Y yo comencé a explicarle... Y ella no estaba entendiendo nada de lo que yo estaba tratando de explicarle... Así que terminé por desistir y solamente le dije que no se preocupara por nada....

Y sí... "La Vida" encuentra siempre la forma perfecta de resolverlo todo cuando estamos abiertos a ella y nos permitimos fluir con ella...

Así que ahora la cuenta de mi madre en ese banco se encuentra exitosamente cancelada... Y nosotros hemos encontrado la forma de continuar utilizando felizmente nuestro banco anterior... El de toda la vida... Distintas maneras que no podíamos siquiera percibir o sentir anteriormente... Pero de las que pudimos darnos cuenta completamente una vez que nos dejamos llevar por el convencimiento de que eso precisamente era lo que teníamos que hacer... Y esa era precisamente la dirección en que teníamos que ir...

2. La forma en que fui capaz de permitir que algo que estaba "trabado" sin sentido

alguno... Fluyera de una vez y por todas... Mi mamá perpleja con algo que le dije... Me dijo súbitamente: "Pero yo estoy muy impresionada con esa fuerza mental tan grande que tú tienes últimamente... ¿Cómo que *"En vez de empujar sin sentido la pared, prefiero dejar que se disuelva sola y después yo paso sin ningún esfuerzo"*? ¡Esa frase está muy interesante!"

Resulta que ocurrió algo muy increíble en mi vida... Hace como un mes... Y las cosas se dieron de una forma muy absurda... Y hasta adversa... Alrededor del simple hecho de comprar un ordenador portátil... En la tienda principal donde los venden y hacen las conecciones al servicio de Internet y todo lo necesario al respecto...

Lo que el 95 % de las personas hubiera hecho... Lo que yo hubiera hecho en aquellos 42 primeros años de mi vida... Y lo que mi mamá lleva casi un mes insistiendo para que haga... Casi hasta molesta conmigo muchas veces... Es ir a la tienda a discutir... Llamar a tal lado y al otro... Entrar en ese problema y ese desgaste interminable...

Y yo... Inerte... Sin saber si estoy haciendo bien o no... Pero el instinto me da por no hacer absolutamente nada... O tal vez es que en realidad no siento ninguna señal de mi instinto... Y eso no me permite hacer nada... Ni siquiera molestarme con mi mamá cuando me insiste y me empuja demasiado...

Yo ahí... Totalmente inerte en ese tema... Viendo cómo los acontecimientos se desenvuelven... En total asombro ante lo absurdo de la situación... De cómo una cosa va llevando a otra cada vez más increíble... Pero sin encontrar la energía para hacer algo al respecto...

No por miedo o por frustración ni nada parecido... Simplemente es como si... Respecto a ese tema en particular... Yo no estuviera dentro de mi cuerpo y todo está simplemente pasando a través de mi... Sin que ninguno de mis sentidos pueda involucrarse demasiado en ello...

Algo como que no tengo ganas de gastar mi energía en nada de eso... Inmovible...

Ayer se me venció el plan mensual... Y traté... Y no hubo forma de que pudiera hacer nada para entrar mi información y ponerle más dinero a la cuenta...

Sin ningún tipo de información sobre el ordenador portátil para poder llamar... Mi mamá... Cuando le dije: "¿Pero voy a llamar y qué les voy a decir? ... Que estoy llamando para ponerle dinero a la mensualidad de un ordenador portátil que no sé ni cuál es... Ni qué número tiene... Ni nada... ¿Qué crees que me van a decir?"... "¿Cómo podemos resolver nada de esta forma, estimado cliente?"... "¡Nooo ... Yo sencillamente no puedo llamar!... Sin siquiera saber cuál es el teléfono de identificación del ordenador portátil ni nada"... Y a mi mamá le entró una risa de esas sin sentido... Que después no podía parar...

Traté de entrar hace dos días en el sitio de Internet de ellos... Puse mi información... ¡Y nada! ... Al final de todo el proceso me decía que yo no aparecía... Y yo sin poder encontrar en qué lugar tenía el número del ordenador portátil a ver si por ahí me encontraban...

De pronto por la tarde entra algo así como un texto... Donde me decían que no había pagado... Y de pronto el texto se borró y no supe cómo volver a encontrarlo... Porque no venía por la vía normal... Y yo en total desesperación:

"¡Dios mío! ... ¿Pero cómo se me borró ese texto? ... ¡¡¡¡Tal vez ahí venía alguna información que me pueda ayudar!!!!!" ...

Y lo que sea que venía ahí se me fue como agua entre los dedos... Pero ese fue el primer indicio de que por lo menos había habido algún movimiento respecto a ese asunto... Nada que hacer en ese momento... Así que seguí con mi vida...

Al otro día... Muy tempranito en la mañana... Abrí el ordenador portátil para aunque sea ponerlo a cargar... Y de pronto veo otro texto igual al anterior... Y ahí sí que me puse en total atención para que no se me borrara... En ese momento andaba de corre corre porque tenía que llevar a mi madre a dos citas médicas... Así que me aseguré de cerrar con mucho cuidado el ordenador para que cuando lo fuera a abrir el texto estuviera ahí...

Regresé de todas las cosas que tenía y... ¡¡¡Que alegría al ver que ahí estaba ese maravilloso texto esperando por mi!!! ... Y con toda la tranquilidad del mundo dejé que mi instinto me guiara en cada paso que debía tomar... Y de una cosa fui descubriendo otra... Y así logré encontrar el número del ordenador... Y logré entrar al sitio de Internet... Y pagar la mensualidad...

Y así... Como le dije de pronto y muy calmadamente a mi mamá aquel día... Después de casi un mes de una secuencia increíble de absurdos hechos y total desesperación: *"En vez de empujar sin sentido la pared... Prefiero dejar que se disuelva sola... Y después yo paso sin ningún esfuerzo"* ... Y han pasado ya cinco meses de poder usar el ordenador portátil... En total fluidez... Y total felicidad :)

3. La manera en que fui capaz de sentir... Realmente Sentir a ÉSE SER... Tan intensamente... De una forma tan única... Mientras pensaba en lo que describí en el párrafo anterior me acordé de muchas cosas que siento con ÉSE SER... Y su insistencia en involucrar los sentidos lo más posible... Y mi "casi necesidad" de la mayoría de las veces involucrar los sentidos lo menos posible... Como que eso me ha permitido Sentirlo de una forma en la que nunca había logrado Sentir a nadie... Incluso cuando hayan estado compartiendo mi mismo espacio y todos mis cinco sentidos... ¿Será eso parte del por qué todo ha pasado de la forma que ha pasado respecto a ÉSE SER?????? ...

* La manera en que fui capaz de fluir... Realmente fluir... En mis clases de "baile"... Y en todas mis otras clases de ejercicios... Durante algo más de dos años he estado asistiendo a un gimnasio... Y a pesar de que asisto a varias clases allí... Hay una en particular a la que adoro muy profundamente...

Y... Como me ha pasado con tantísimas cosas durante los últimos dos años... Si alguien me hubiera alguna vez dicho que yo comenzaría a asistir a un gimnasio... Y especialmente a asistir a ese "tipo" de clases... Hubiera inmediatamente pensado que esa persona estaba totalmente loca...

No por nada en particular sobre el gimnasio o la clase... Si no por la forma en que mi personalidad ha sido en todos los primeros 42 años de mi vida... Siempre he sido muy inhibida... Muy tímida... Y siempre he sido muy... Bueno... Ya he descrito todo eso lo suficiente y no creo que desee volver atrás para pensar en eso... A no ser cuando sea totalmente imprescindible...

Como decía... Todavía recuerdo muy claramente aquel día en que fui allí por primera vez... La clase estaba repleta... Y la mayoría de las personas en la clase tenían 65 años o más... Y a pesar de que en mis años jóvenes me gustaba bailar... Y lo hacía bastante bien... Cuando comencé en la clase... ¡¡¡¡Estaba totalmente perdida!!!!

Y no era solamente que estuviera perdida... Era que mi cuerpo no podía resistir.... A pesar de que había estado caminando y haciendo ejercicios por mi cuenta diariamente durante los diez meses anteriores...

Y todas esas personas que yo jamás hubiera esperado que pudieran hacer ninguno de esos movimientos y esos pasos... Comenzaron a enfocarse en mí para animarme... E incluso me enseñaron algunos "trucos" para poder aprender más rápido... Ellos se convirtieron en una verdadera fuente de inspiración y en la razón principal por la que no me rendí y abandoné todo en aquellos primeros momentos...

Fui pasando de un instructor al otro en diferentes días de la semana... Y mientras los primeros meses pasaban... Yo estaba adaptándome, lenta pero segura, a todo ese proceso... Pero todavía sentía que aunque ya lo estaba haciendo muy bien... Había algo que faltaba...

Y no podía descifrar qué era exactamente... Había ya prácticamente logrado bailar tan bien como las maestras... Excepto, por supuesto, cualquier cosa que involucrara doblar mis rodillas... Pero eso ya es parte de otra historia :) ... Como dije anteriormente... No podía darme cuenta exactamente qué faltaba... aunque podía sentirlo constantemente...

Y la claridad instantánea me llegó unos días después cuando una instructora diferente comenzó a hacerse cargo de todas las clases en los horarios en que yo podía asistir al gimnasio... Los tipos de movimientos... Y la variedad de bailes y pasos era sencillamente impresionante...

Uno tenía que estar prestando atención realmente para poder seguirla... Así que comencé a tratar de no perder ni siquiera un segundo de lo que la instructora estaba haciendo... Me imagino que yo hacía eso por la obsesión de ser una perfeccionista... Pero me sentía rígida y constreñida... Algo no estaba totalmente bien... Y de nuevo... Podía sentirlo pero no podía descifrar qué era...

Hasta que un "día mágico" me di cuenta que "ese día"... Y algunos días anteriores a "ése" ... Yo había estado fluyendo... Verdaderamente fluyendo... Fluyendo a tal punto que no estaba consciente de nada de lo que estaba haciendo...

Fluyendo a tal punto que no podía acordarme de nada de lo que estaba pasando...

Y pensé "¡más vale que preste atención, o si no voy a estar totalmente desorientada!" ... Y en el minuto que volví a prestar total atención y a contar cada paso que la maestra hacía... Y a copiar cada movimiento... Y cosas así... Sentí instantáneamente que mi cuerpo ya no fluía tanto... Que había vuelto a estar un poco rígida y constreñida nuevamente...

Y mis movimientos y mis pasos eran casi tan perfectos como los de la maestra... Pero yo no estaba sintiendo ese Fluido Interno... Ese Fluido Mágico que llena de belleza todo lo que hacemos...

Y comencé a estar muy intrigada por esto... Y comencé a pensar en los días anteriores a ese... Esos días en los que había sentido esos "flashes" de fluido mágico... Los había sentido, pero no había logrado percatarme en el momento en que me estaba pasando... Y.... De nuevo... Cuando comencé a usar mis cinco sentidos un poquito más de lo absolutamente imprescindible... Algún paso me comenzó a salir mal... O me faltó dar alguna vuelta... O presté demasiada atención... La mayoría de las veces en una forma muy crítica... A cómo mi cuerpo se estaba moviendo... Para decirlo de la manera más simple... Me percaté que no estaba fluyendo como esas otras veces en que había Vivido y Sentido esos "flashes" de fluido mágico...

Y recuerdo que todo llegó a un punto en el que dije... O pensé para mí misma... "¿Sabes qué? ... ¿A quién le importa? ... Yo simplemente "me voy a desconectar" y a fluir con todo esto..." ... Y un día... Varios días después de eso... Tuve una experiencia muy profunda...

Me di cuenta que estaba realmente fluyendo... Fluyendo totalmente... Fluyendo a tal punto que me percaté de que mi cuerpo estaba ahí... Haciendo todos esos bailes... Todos esos pasos... Pasando por todos esos movimientos... Pero "La Verdadera Yo" no estaba totalmente allí... Era como si "La Verdadera Yo" estuviera flotando en algún lugar cerca del techo... O encima de alguna nube... ¡¡¡¡Era una sensación tan bella!!!! ...

Y tuve la experiencia de algo que había vivido ya muchísimas veces antes... ¡¡¡Durante hacía ya tantos años!!! ... ¡¡¡Estaba meditando!!! ...

Mi cuerpo estaba allí bailando... Pero "La Verdadera Yo" estaba meditando... Sin siquiera yo haber tenido la más mínima intención de hacerlo... ¡Fue una experiencia tan agradable!

A partir de ahí sí que mi excitación era inmensa... Honestamente... Durante los últimos meses había tratado de meditar... Pero no había logrado conseguir hacerlo... Lo quería hacer...

Adoraba la sensación que me provocaba... Pero no tenía la suficiente paciencia... Tanta ansia en mí... Tanta energía todo el tiempo... Tanta, que prácticamente siempre sentía que "La Verdadera Yo" era como una pelota juguetona saltándose de mi cuerpo todo el tiempo... No quería estar tranquila... No quería estar restringida... Incluso muchas veces no quería o necesitaba dormir... ¡¡¡Tan feliz!!! ... ¡¡¡Tan Alegre!!!!

Pero adoraba las sensaciones que la meditación siempre me traía... Así que... Tal vez sin darme cuenta conscientemente... Comencé a... En mi mente... Visualizar y reflexionar sobre cómo había logrado hacer eso en aquella clase... Y me di cuenta que mis ojos estaban casi siempre perdidos, mirando atentamente un objeto metálico incrustado en el techo y que sobresalía un poco... Parecía como una salida de agua del sistema extinguidor de fuegos... Otras veces mis ojos miraban en dirección al espejo... Pero no me miraba a mí... Ni a ninguna persona u objeto en particular... Era una especie de "mirada desenfocada" en dirección al espejo... Y en los momentos que tenía que mirar algo... Miraba los pies de la instructora... Para sentir los pasos que ella estaba haciendo... Y después volvía a "perderme" rápidamente en los tiernos brazos de "Mi Verdadera Yo" otra vez...

A partir de ahí mi anhelo por ir a esa clase se multiplicó por lo menos por cien... No sólo estaba ejercitando mi cuerpo y sintiéndome maravillosamente... También estaba siendo capaz de Sentir ese Fluido Mágico con toda mi intención y con todo mi Ser... Y estaba siendo capaz de meditar nuevamente :) ...

Sí... Es un tipo de meditación diferente... Probablemente la mayoría de las personas no lo llamaría "meditación" ... Pero hace maravillas en mí... Y me hace sentir una Alegría y un Amor deliciosamente plenos... Y me hace valorar mi mundo... Y a mí misma... Con una intensidad que no había sentido jamás...

Y en ese momento me empecé a percatar que las otras clases que también adoraba tanto... Y que yo sabía que eran tan beneficiosas para mi cuerpo... Se estaban quedando rezagadas en mis "prioridades"... Y algo dentro de mí no quería que eso ocurriera... Así que comencé "sin una intención definida" a sentir formas de incorporar esas sensaciones estilo meditación en ellas también...

Yo hubiera pensado que eso era totalmente imposible porque en esas clases utilizamos diferentes tamaños de pesas, barras, pelotas grandes para hacer ejercicios... Pero esa fuerza interior "sin intención definida alguna"... O ese deseo que tenía de lograrlo parece haber sido mucho más poderoso que todas las dudas del mundo juntas...

Así que comencé a intentarlo durante las rutinas más "estables" y "automáticas" ... Y fue algo tan totalmente satisfactorio vivir esa Plenitud que sentí por primera vez... Fue algo tan único... Y he estado sumergida cada vez más en esa forma de Sentir mis ejercicios... Hasta el punto en que ahora soy capaz de hacer la mayoría de las rutinas de esa clase que dura una hora con mis ojos cerrados... Siendo totalmente una conmigo misma...

Y siento una gran alegría al verme regresar a un par de clases más a las que había dejado de asistir... Y las estoy disfrutando como nunca antes lo había hecho... En comunión total conmigo misma... Solamente yo conMigo... Sin importar cuantas otras personas estén en el salón de clases en ese momento...

****

Y escribiendo todo esto me doy cuenta que no es cambiar la atención y enfocarse en otra cosa… Es seguir con la atención y la Intención en "eso" … Cualquier cosa que "eso" sea… Pero sin estar 100% involucrados con los 5 sentidos… Para que nos podamos separar un poco de "eso" y fundirnos un poco más con "Eso" que tenemos alrededor de nosotros… Dentro de nosotros… Eso que nos permite Sentir y percibir de una forma mucho más extensa… Intensa… Completa… Clara… Lúcida… Plena… Y… Sí… En los casos precisos… Placentera…

Capítulo 8: Si Esto No Es ABUNDANCIA... Entonces ¿Qué Es?

Estaba muy acostumbrada a estar fluyendo "muy alto" desde hace ya varios meses... Viviendo en pura magia... Con todos los eventos... Grandes, pequeños, medianos... De todos tipos y magnitud presentándose en mi existencia diaria en el momento preciso... En la cantidad precisa... En la forma precisa...

Sin siquiera yo pedir nada absolutamente... Como hacía "en mi vida anterior" ... Que me aferraba a cosas que yo creía que quería... Y le pedía a Diosito con mucha fuerza todas las noches al acostarme... O encendía velas con deseos específicos y cosas así... Ya hace un par de años no hago nada de eso... Ahora que me doy cuenta...

No fue nada premeditado... Ha sido algo completamente gradual... Completamente imperceptible... Y de eso me acabo de percatar en este instante en el que escribo...

Pero sí... En estos últimos meses todo ha llegado a un punto en el que prácticamente pienso en algo y de pronto está ahí... Como lo más natural del mundo... Y cuando lo veo o lo siento... Me doy cuenta que eso mismo era lo que yo había estado pensando o deseando en ese momento... Todo de forma muy sutil y muy "natural"...

Es tan interesante para mi observar cómo todo se va desenvolviendo... Tanta abundancia "increíble" en mi vida pero... De nuevo... Ya no es algo increíble para mí... Ya todo esto se está convirtiendo en lo más normal en mi mundo... Es algo que me divierte y me deleita... Pero no me sorprende ni me asombra como me pasaba antes... Eso sí, me mantiene con una eterna sonrisa en mi cara... Una alegría infinita en mis ojos... Y una felicidad intensa en todo mi Ser...

Y aún cuando podría estar, por los siglos de los siglos, contando historias y recuerdos de los detalles interminables de todas las sincronicidades y de toda la abundancia en mi vida diaria durante este último par de años... Hay dos de ellos que ocupan un lugar especial en mi corazón por la abrumadora atención a cada detalle que La Vida... O El Universo... O... (el nombre no importa realmente) ... Puso en marcha para hacer que yo me diera cuenta de la magnitud de lo que estaba ocurriendo en ese momento de mi vida...

---**El Viaje al Acuario**---

Un día de abril del 2015... A las 10:56 a.m. ... La maestra de mi hijo envió un correo en el que hablaba sobre este viaje por primera vez...

Preguntando a los padres si aprobaban que sus hijos fueran a ese viaje... Nueve minutos después yo le respondí diciéndole "Por supuesto!" ... Ella no respondió absolutamente nada más hasta una semana después... Y yo le contesté diciendo lo feliz que estaba con el hecho de que fueran a hacer ese viaje y explicándole lo mucho que nosotros AMAMOS ese lugar...

Le conté a mi madre y le dije que les había pedido que me permitieran ir como madre voluntaria... Y mi mamá se puso muy contenta con la posibilidad de que yo pudiera ir... Y pensó que era una gran idea porque así podría estar cerca de mi hijo, ya que el lugar era tan lejos de la casa...

Y yo sólo pensaba y pensaba... En medio de una excitación muy profunda... En lo divertido que sería para mí pasar ese día con mi querido hijo, sus amiguitos de la escuela, y sus maestros... En ese sitio por el que hemos llegado a sentir tanto cariño desde hace más o menos dos años... Y qué experiencia tan increíble sería para mi hijo el verme allí, ya que su mente inocente sólo asocia ese lugar con la familia, no con algo relacionado con la escuela... Y el poder combinar todo eso en un mismo lugar... Tan lejos de la casa... Sería algo único e inolvidable para esa mentecita tan pequeña... Y algo muy bello para mí...

En el medio tiempo... La maestra de mi hijo envió un correo electrónico general, diciendo que como había habido tanto interés en los padres para participar en este evento, ella se encargaría de averiguar cuánto tendrían que pagar los padres por la entrada al acuario... Y que la escuela se encargaría de pagar las entradas de los niños... Y en mi mente yo sólo dije "¡¡¡Perfecto!!! ¡Las cosas están avanzando!"

Entonces un lunes... Ya en el mes de mayo... Mientras yo estaba sentada en un banco durante la práctica de fútbol de mi hijo... Más o menos alrededor de las 6:30 p.m. ... El padre de uno de los niños del aula de mi hijo me preguntó si yo iba con los niños al viaje al acuario... Y mis ojos se iluminaron mientras le decía "¡¡¡Sí!!! ¡ADORO ese lugar!" ... Y ahí él empezó a decir que él no sabe cuánto cuestan las entradas... Y que va a ser mucho dinero probablemente... Y que él no sabe si todos cabremos en el autobús de la escuela...

Y yo le dije que de todos modos quería ir... Hablamos sobre los diferentes espectáculos y cuánto se parecen a los de el acuario más famoso en otra ciudad... Y yo le conté del día en que nos sentamos en el sitio preciso en que la ballena desplaza esa pared de agua tan impresionante... ¡¡¡Y qué experiencia tan linda esa!!! ... Y que nosotros jamás hubiéramos esperado sentir algo tan poderoso... Y lo que le pasó a la cámara de mi papá como resultado de todo eso... Y cómo mi hijo estaba asustado y un poco paralizado al principio...

Y rápidamente se recuperó y hasta se divirtió con esa experiencia tan impresionante... Y yo le seguía contando más y más cosas...

    Y después le expliqué que yo estaba segura que tendríamos que ir en nuestros carros ya que todos los autobuses de la escuela son muy pequeños y escasamente tienen espacio suficiente para los niños y sus maestros... Y que yo preferiría que mi hijo fuera con ellos... Para que tuviera la experiencia educativa completa de aprender sobre los hábitats del océano en compañía de sus maestros y amiguitos... Y que yo simplemente los seguiría en mi carro... Y tal vez en el camino de regreso traería a mi hijo conmigo... Y dependiendo de la hora, pararíamos en casa del abuelo y pasaríamos un rato con él... Y si no... Si otros padres quieren ir conmigo en el carro... Simplemente voy con ellos... Y tal vez al regreso traemos a los niños con nosotros... O seguimos al autobús nuevamente...

Nada de eso era importante para mí... Lo único que había dentro de mí era alegría... Anticipación... Diversión... Todo tipo de expectativas lindas y agradables sobre cuánto disfrutaríamos ese día... Yo busqué los precios en mi teléfono y se los dije... Pero él todavía no estaba convencido... Y yo seguía diciéndole que yo iría de todos modos... Y lo feliz que estaba de poder ir... Todavía en espera del mensaje de seguimiento de la maestra de mi hijo, con las instrucciones para los padres que querían ir, los precios, etc...

Y... Al día siguiente... Sin llegar incluso a las 24 horas... Recibí un correo electrónico de ella... Dirigido a dos padres más y a mí... Diciendo que como habíamos sido los primeros tres padres en expresar interés en ir con los niños en el viaje... Y como había sobrado algún dinero... El costo de las entradas de nosotros al acuario estaba cubierto por la escuela...

Honestamente... Yo no esperaba eso ni remotamente... Sólo estaba esperando por un correo de ella que nos dijera qué teníamos que hacer... Y el simple hecho de que me permitieran ir con ellos, para tener esa experiencia tan linda con mi hijo, ya me había hecho la persona más feliz de todo el Universo... Pero al mismo tiempo lo único que brotó con mucha fuerza de todo mi Ser fue "¡¡¡Gracias, Universo!!!" ... Y lo sentí como lo más natural y lógico del mundo... Yo, por supuesto, no esperaba ninguno de estos detalles tan especificos.... Pero sí esperaba y Sabía que todo iba a ser Bueno... Y estaba resultando mucho más maravilloso y divertido que todo lo que yo pudiera haber alguna vez imaginado...

Pasaron algunos días sin que yo pensara en el viaje... Bueno... Eso no es verdad realmente...

Yo estaba tan embullada para ese viaje.... ¡¡¡Pero tan embullada!!! ... Tanto, que le conté a todas las personas cercanas a mí... A los que viven cerca y a los que viven lejos... En mi mente, estaba constantemente pensando en eso con mucha alegría y mucho anhelo... Y no sé en verdad por qué... Ya habíamos estado allí varias veces... Ya no soy una niña para estar con tanta alegría por algo semejante...

Eso precisamente es parte de lo que comento a todas las personas con las que hablo de eso... El hecho de que estoy más embullada que si fuera una niña... Mi madre me regaló una camiseta de "Life is Good" ... Y yo automáticamente dije "me la voy a poner para el viaje al acuario" ... Entonces dije "me la voy a poner con mis gafas azules" ... Y entonces fuimos a la tienda para que mi mamá comprara algunos regalos por el día de las madres... Y lo único que existía en mi mente era el viaje... Así que terminé comprándome una mochila azul...

Y zapatos azules... Para llevar la comida de mi hijo más fácilmente... Y al mismo tiempo llevar algo que combine con el acuario...

Seguía repitiendo la historia de cuán dichosa era a las personas más cercanas a mí... En total diversión al observar cómo se iban desenvolviendo las cosas... Sin que yo realmente pensara que nada de eso era posible...

Anoche en la práctica de fútbol una madre me preguntó lo mismo que el padre anterior... Que si yo iba a ir al viaje... Y yo le dije "¡Por supuesto!"... Entonces me preguntó si yo iba a ir en mi carro... Y que si yo me reuniría con los niños y los maestros en la escuela... Y que si yo llevaría a mi hijo en el carro conmigo o si iría en el autobús con los demás... A lo que le respondí que sí... Que yo iría en mi carro... Y que me encontraría con ellos en la escuela...

Que pensaba que eso era lo que todos harían... Y que prefería que mi hijo fuera con los demás en el viaje al acuario, con sus amiguitos y sus maestros... Y yo los seguiría en mi carro... Para que él tuviera la experiencia completa del viaje con todos los demás... De lo contrario... Sería como si fuera en el carro conmigo... Igual que como vamos a cualquier otro lugar de los que vamos juntos... Siempre él y yo solos... Y seguidamente añadí que tal vez si era muy tarde, lo traería conmigo en el viaje de regreso... Y que no me importaría si otro padre quería ir conmigo en el carro... Etc... Etc...

En la mañana del viaje mi hijo estaba cansado a causa de que el día anterior había sido demasiado largo... Práctica de bolos... Despues fútbol... Terminó por irse a la cama más tarde de lo que yo hubiera querido... Y yo calculé mal el tiempo esa mañana... Y salimos de la casa más tarde de lo que debíamos...

Y uno de mis ojos estaba un poco rojo por algo que me había caído dentro... Y yo pensaba "¿Y qué tal si piensan que tengo algo contagioso para los niños? ... Probablemente debo quedarme en casa y que ellos lleven al niño" ...

Y después pensaba "¡Pero espera! ... Yo he estado pensando y deseando ir en este viaje desde hace mucho tiempo... Para que mi hijo tenga esa experiencia tan bonita... Etc... Etc... ¡Y yo sé que mi ojo rojizo no es por nada contagioso!" ... Así me encontraba... En esa lucha interna dentro de mí... ¿Lo hago? ... ¿O no lo hago? ... ¿Voy? ... ¿O no voy? ... Una indecisión total... Un estado existencial muy desagradable... ¡NO! ... Ese era el estado "normal" de mi existencia antes pero... ¡Yo no soy así ahora! ... Y entonces me dije "¡Yo Voy!" ...

Salimos de la casa... Y entramos al carro... Y me di cuenta de algo que me dejó momentáneamente paralizada... Después de tantas vueltas que di el día anterior, había decidido poner gasolina en mi carro la mañana siguiente porque ya era muy tarde... Entonces... Cuando logré sobreponerme a esa parálisis momentánea me dije... "Bueno... Me apuraré en llegar a la escuela porque ya es bastante tarde... Entonces les diré que ellos lleven al niño con ellos en el autobús... Yo los seguiré y si logro llegar hasta el lugar... Perfecto... Y en el camino de regreso pararemos por gasolina... Y si veo que el tanque está llegando al límite de no tener gasolina... Entonces pararé en algún lado y los alcanzaré después" ... ¡Teníamos tan poco tiempo para llegar a la escuela! ... Pero había sido un viaje muy fluido... Teníamos suficiente tiempo para llegar justo a la hora que ellos iban a salir...

Y de pronto... Casi ya en la salida que teníamos que tomar para ir rumbo a la escuela... El tráfico se detuvo totalmente... Habían tantos carros parados que parecía que no había esperanza de que por lo menos comenzaran a moverse en largo rato... Llamé a la maestra del niño y le dije "Estamos casi en la salida... Pero el tráfico se detuvo... Váyanse y yo me dirigiré con mi hijo hacia el sur desde que pueda y allí nos encontraremos con ustedes"... Y ella dijo rápidamente "No... Los esperaremos hasta que lleguen aquí"... A lo cual yo no pude responder nada... ¡En mi corazón le agradecí tanto sus palabras! ... Solamente le dije "gracias" y colgué... Por si acaso otros padres estaban también tratando de comunicarse con ella...

Y en el mismo segundo en que colgué... El tráfico se descongestionó como por arte de magia... Y el resto del viaje fue tan, pero tan fluido, que llegamos allí a la hora exacta en que debíamos llegar...

Encontrar lo que encontré cuando llegamos al parqueo de la escuela fue un poco "chocante" para mí... Esperaba encontrar por lo menos cinco o seis padres allí... Y los maestros haciendo que todos los niños entraran en los autobuses... Pero... Nada... Desierto total...

Como era mucho más temprano que el comienzo del día escolar... El parqueo estaba desierto... Tuvimos la gran "suerte" de que una de las secretarias llegara en ese momento... Le pregunté y ella pensaba que ya se habrían ido... Pero dijo que iría a averiguar de todos modos...

Entonces una de las asistentes salió... Y yo le pregunté si ya habían llegado todos y me dijo que no... Y me pidió que el niño entrara, y yo también... Y yo dejé todo en el carro ya que los seguiría a ellos...

Cuando entré al aula le mostré a la maestra mi ojo... Y le expliqué que yo creía que estaba en esas condiciones porque me había caído algo en él... Ella me dijo que no me preocupara... Yo insistí... "¿Pero usted sabe por qué le estoy mostrando mi ojo????... Si usted quiere yo me quedo... No quiero que nadie se sienta incómodo al pensar que esto es producido por otra cosa"... Y ella me dijo "No... ¡Tú permaneces cerca de nosotros y no te preocupes por eso!"...

Entonces entramos al aula y habían otros tres estudiantes aparte de mi hijo... Y no había ningún padre... Ni ningún otro niño... Una de las asistentes me dió la mitad de su café... Todos estaban muy felices y se comportaban de modo muy agradable...

¡Y la maestra anunció que era hora de irnos!!!!... Así que comenzamos a caminar hacia el parqueo... Y cuando iba a dirigirme hacia mi carro... La maestra dijo... "Tú vienes en el van rojo"... Y yo pregunté "¿Está segura???... Yo simplemente los iba a seguir"... Y ella dijo "No... Ven con nosotros... Dos de los estudiantes que iban a ir no están aquí hoy... Así que nos sobra espacio"... Y yo dije "¡¡¡Oh, Gracias!!!!"... Y rápidamente corrí a mi carro para coger mi mochila y el almuerzo de mi hijo...

Así que terminé yendo con ellos... Sentada en el asiento delantero... Sin tener que manejar mi carro hasta allá... Sin tener que pagar por la entrada al acuario... Sin tener que preocuparme por el tanque vacío... ¡¡¡¡Sin siquiera tener que pagar por la gasolina para este viaje!!!!

Fue un viaje muy agradable... Pude conocer a los maestros de mi hijo a un nivel más personal... Conversamos sobre muchos temas... Nos divertimos muchísimo... Los niños se portaron muy bien... Llegamos al lugar y el parqueo del acuario estaba totalmente vacío... Solamente algunos niños del aula de mi hijo y sus padres estaban allí... Y los demás llegaron poco después de eso...

Parece que al final todos decidieron ir directo para allá y llevar a sus hijos con ellos... Supongo que hicieron eso para ahorrar tiempo... No estoy segura... Pero para mí era mucho más importante que mi hijo tuviera la experiencia total del paseo... Incluso si eso significaba una "pérdida de tiempo y gasolina" ya que nosotros vivimos hacia el sur, y la escuela queda a 20 minutos al norte de nuestra casa... Y el acuario está una hora y media al sur de nuestra casa...

Pero el invertir todo ese tiempo y ese esfuerzo extra en manejar todo eso nunca fue un problema para mí... Todo lo que había en mi mente y en mi corazón era que mi hijo tuviera una experiencia total y plena :) ... Durante las primeras dos horas el acuario estaba casi completamente vacío... Totalmente para nosotros... Se comenzó a llenar un poco cuando era prácticamente hora de irnos... Así que fue una experiencia tan agradable que era prácticamente algo "fuera de este mundo" ...

Habían anunciado lluvia para ese día... Así que pasé varios días anteriores pensando constantemente en eso... Y pensaba... "¡¡¡¡No!!!!! .... ¡No es posible que algo tan bello y tan esperado vaya a ser estropeado por la lluvia!" ... Así que en general confiaba que todo iba a estar bien... Y muy temprano ese día... Alrededor de las 3:00 o las 4:00 de la mañana... Una lluvia muy intensa... Y recuerdo que en ese momento pensé "¡Oh no! ... ¡Esto no es posible! ... ¡Los niños deben tener un dia bello hoy!" ... Y me mantuve ahí... Encima de mi cama... Y alrededor de las 6:00 am... La lluvia inesperada más intensa que he visto en mi vida... Y mi actitud era como "¿¡¿¡¿¡Qué!?!?!?" ...

Y entonces recordé que durante la semana anterior... Cada vez que entrábamos a la autopista por la mañana para ir a la escuela y el tráfico estaba denso... Casi inmovible... Le decía a mi hijo "¡¡¡Vamos a ver cómo podemos disolver este tráfico!!!" ... Y todas las veces funcionaba... De repente... Cada vez... Era como si ese tráfico denso nunca hubiera estado ahí... Y llegábamos a la escuela en tiempo record... Sin ninguna preocupación... Sin ningún estrés... Cada vez... Y cada vez, en mi camino de regreso hacia la casa, veía aún las millas y millas de tráfico atascado... Totalmente inmovible... Todavía ahí... Pero nosotros estábamos fuera de eso... Como por arte de magia...

Así que... Me recordé de eso... Y dije en voz alta "¡¡¡Vamos a disolver esta lluvia!!!" ... Ahora no puedo recordar claramente si lo dije en alta voz... O si lo dije muy alto con la voz de mi mente... Pero sí sé que lo dije con todo mi Ser... Y todo lo que sé es que fue el día más bello... Soleado... Pero con brisa... ¡¡¡Perfecto para un lugar así!!! ... Todos los niños se comportaron perfectamente... Todos muy felices... Los padres estaban felices también... Los maestros muy contentos...

Regresamos a la escuela a la hora perfecta... Casi al final de la salida de los niños de la escuela... Los otros padres con sus hijos regresaron a sus casas directamente desde el acuario... Mi hijo y yo regresamos a la escuela con sus amiguitos y sus maestros...

Y tuvimos tiempo suficiente para llegar a la casa... Hacer una pequeña merienda... Descansar un poco y de ahí ir a una sesión de "ejercicios" que mi hijo tenía de 6:00 a 7:00 pm... Y aunque yo pensé que el nivel de cansancio iba a actuar en contra del comportamiento y de la capacidad de asimilar lo que tenía que hacer... Me equivoqué totalmente y todo fue perfecto... Regresamos a casa... Comimos... Tomamos una ducha... Jugamos un poco... Y de ahí... Sin muchos problemas... Mi hijo recogió todos sus juguetes... Se fue a la cama... Y se quedó rendido...

Hoy mi hijo ha estado lleno de energía el día entero... Y... Algo totalmente inesperado para mí, por cierto... Ha seguido muy bien todas las instrucciones y ha hecho un gran trabajo en todas sus actividades.... Así que... Sin yo esperar nada de esto... Bueno... Lo único que en realidad esperaba era poder ir con ellos al paseo al acuario... Sólo eso... Que me permitieran ir...

Pero todos esos "milagros" ... Uno detrás del otro... Totalmente inesperados... Totalmente "inimaginados" ... Comenzaron a ocurrir... Como surgidos de la nada...

E incluso la idea y la posibilidad de este paseo surgieron de la nada... No fue algo planeado... Fue algo que nació de repente en la mente de la maestra de mi hijo porque la clase recibió un regalo inesperado... Y como ellos estaban en ese momento aprendiendo sobre los hábitats marinos... Era el lugar perfecto para ir...

Y yo terminé teniendo esta experiencia maravillosa... Con niños felices que se comportaron increíblemente bien todo el tiempo... Toda la secuencia de eventos... De principio a fin... Fue sencillamente impresionante...
¡¡¡¡GRACIAS!!!!!!!!!

---El Viaje A Un País A 3.5 Horas En Avión---

Cada vez que mi hijo y yo vamos a ese lugar tan amado... A 2.5 horas de nosotros en carro... Podemos ver las únicas elevaciones que existen en toda la zona... Estoy segura que mi hijo había notado el relieve un poco diferente... Pero no sabía cómo expresarlo...

En este último año el vocabulario de mi hijo se ha incrementado algo... Y alrededor de los dos meses antes de que se terminara el año escolar anterior... Ellos aprendieron la palabra "montaña" en la escuela...

Así que... Nuestro próximo viaje a ese lugar tan amado fue particularmente especial para mí por dos razones... 1) Cuando pasamos por una de esas montañas de basura mi hijo dijo súbitamente "montaña"... Y esa fue la primera vez que escuché a mi hijo decir esa palabra... Además... Era una de las primeras veces que mi hijo había podido usar una palabra aprendida en la escuela "en la vida real"... 2) En ese momento me di cuenta que teníamos que ir al "lugar real"... Teníamos que ir a donde mi hijo pudiera sentir qué es una montaña... Y sentir esa energía tan especial que uno siente cuando está inmerso en tal belleza...

Yo creo que ese momento fue la razón... El "combustible" ... Que me hizo comenzar a pensar en términos de "acción" ...

Honestamente... Toda mi vida... Desde que nos mudamos a esta área... He estado extrañando las montañas... Y especialmente los primeros dos años después que todo esto me comenzó a ocurrir... Ha sido una necesidad muy grande para mí poder ver las montañas de nuevo... Sentirlas...

Así que... Supongo que no podía tolerar el hecho de que mi hijo estuviera usando mal ese término tan especial para mí para referirse a las lomas de basura... Cada vez que pasábamos por esas lomas de basura después de eso yo le decía: "¡Eso no es una montaña, hijo! ... Un día te llevaré a ver las montañas reales... ¡¡¡¡Lo prometo!!!!" ...

En ese momento yo no tenía idea si lo íbamos a poder hacer... A dónde ir... Y especialmente nunca me hubiera imaginado que viajaríamos tan pronto...

Siempre me ha causado mucho estrés llevar a mi hijo a lugares... Últimamente ya no tanto, tengo que admitirlo... Pero antes era inmensamente estresante para mí... Incluso el ir a una tienda o un restaurante cercano...

El cuerpo de mi hijo no respondía adecuadamente durante los primeros años de su vida... Después él comenzó a crecer y sus comportamientos y los movimientos de su cuerpo no eran los mismos que los de otros niños de su misma edad... Muchas cosas provocaban comportamientos espontáneos, impredecibles y muchas veces disruptivos en él... Especialmente cuando estaba en presencia de personas ajenas... O en lugares cerrados... En tiendas... Cuando teníamos que hacer fila para algo... Cuando la música estaba muy alta... Etc... Etc...

Y también el hecho de que cuando me dí cuenta de lo que ocurría con mi hijo decidí seguir el camino de una dieta natural... Muy estricta... En la que todo era hecho en casa... Combinado con el hecho de que mi hijo es muy selectivo en cuanto a lo que él come...

Todo esto provoca que el ir a lugares se convierta para nosotros en algo mucho más que una aventura...

Al mismo tiempo... Siempre he sido de la opinión de que mejor aprendemos a sobrellevar las cosas más temprano que tarde... Y que si vivimos así... Los dos solos... Tenemos que ser capaces de vivir una vida normal... Y que mientras más expuesto esté mi hijo a las cosas y las experiencias de la vida cotidiana... Más va a aprender y más rápido va a lograr hacerlo...

Y cuando comencé a llevar a mi hijo a distintos lugares desde que tenía un año de edad... Comencé a notar que de alguna forma siempre se producía una expansión muy notable en su conocimiento... Cada vez la capacidad de mi hijo para incorporar nuevas habilidades y destrezas se incrementaba con cada paseo a lugares desconocidos y diferentes que dábamos... Y así sucesivamente...

Y siempre fui de la opinión que teníamos que hacerlo "ahora" ... Porque después cuando ya mi hijo se convirtiera en un adulto tal vez sería algo tarde para comenzar... Aunque también sé que cualquier momento es bueno para comenzar... Pero cuanto antes, mejor :) ...

De cualquier modo... Nunca hemos permanecido en casa porque mi hijo actuara de un modo o de otro... Pero yo siempre me aseguraba de que mi padre o su esposa... O mi hermano...

Fueran con nosotros... Me preocupaba que si cualquier cosa me pasaba... O si cualquier imprevisto se producía... Etc... Yo necesitaba que alguien más estuviera con nosotros para asegurarme de que mi hijo iba a estar bien... Además, con todas las dietas especiales y todo eso... Yo sola no era suficiente para poder cargarlo todo y al mismo tiempo poder controlar los comportamientos espontáneos de mi hijo, etc... Y siempre el hecho de que otras personas a veces no entiendan y puedan molestarse me altera y me hace sentir muy tensa...

Un día... Surgido de la nada... De verdad que no entiendo de donde surgió... Porque esto nunca hubiera surgido de mi mente en estado "normal y ecuánime" ... Pero bueno... Ese día... De la nada me surgió la idea de estar en un avión con mi hijo y pasar por todas las experiencias que eso conlleva... Pero... ¿A dónde??? ... ¿Cómo??? ...

Supongo que ese súbito "interés" de mi hijo en las montañas me hizo pensar que tenía que ser a un lugar donde las pudiéramos ver... Pero al mismo tiempo quería que fuera un viaje corto... Sin escala... Muchas cosas me ponían ansiosa... La necesidad de usar el baño... El poder manipular todas las cosas que tendríamos que cargar con nosotros... Encontrar los lugares... El comportamiento de mi hijo... Las otras personas... Etc...

El hecho de que un par de meses antes me había reconectado con mi amiga de mis años escolares que vive en ese "País-A-3.5-horas-en-avión" ... Y que ella insistió para que fuéramos a visitarla... Y que ella nos llevaría a los lugares que quisiéramos ir... Y que iba a tomar vacaciones en el tiempo en que estuviéramos allí... Y que cocinaría para nosotros, para que mi hijo pudiera seguir sus dietas... Etc... Me hizo decidirme a ir... En ese caso solo estaríamos solos durante la parte del aeropuerto y el avión... Un vuelo de tres horas y media... Ya que mi hermano y mi madre estarían con nosotros hasta el último momento en el aeropuerto de aquí... Y mi amiga estaría esperándonos en el aeropuerto de allí y permaneceríamos con ella todo el tiempo hasta nuestro regreso...

A pesar de todo eso... Estaba todavía muy indecisa... Nerviosa... Tensa ante la inminencia de esa idea... Pero todo eso cambió en el instante en que un "bello Ángel" apareció en nuestras vidas...

Una vez que la intención estuvo totalmente establecida... Y que la esperanza real "germinó" totalmente dentro de mí... Fue, literalmente, como si algún interruptor en el Universo hubiera sido movido a la posición de "encendido" ... Y eso hizo entonces que un mecanismo muy complejo... Pero muy simple al mismo tiempo... De muchísimas piezas diferentes... Grandes y pequeñas... Que encajaban perfectamente unas con otras y trabajaban juntas en un acoplamiento perfecto... Comenzara el bello proceso de su movimiento hacia la realización de un sueño...

Primero...La reaparición de mi amiga después de casi dieciocho años... Usando toda su bondad y su fuerza de voluntad para sacarnos de nuestra "zona confortable" y hacer que yo comenzara a pensar en este sueño en términos muy reales...

Entonces... La maestra de mi hijo... No la misma que mencioné en el viaje al acuario... Otra... La maestra de mi hijo durante los dos años anteriores... Un verdadero Ángel en nuestras vidas... Un Ser Humano increíble que siempre estaba dispuesto a ayudarme de todas las formas posible... Para que pudiera contar con mejores "herramientas" para yo a su vez poder ayudar a mi hijo de forma más efectiva...

Siempre me sentí muy "en confianza" para conversar con ella sobre cualquier cosa relacionada con mi hijo... Y en el instante en que le mencioné... Así... Como quien no quiere la cosa... La idea de montar con mi hijo en un avión... Y cuánto deseaba poderle ofrecer a mi hijo esa experiencia... Pero al mismo tiempo cómo... Incluso el simplemente pensar en eso me provocaba una tensión increíble...

En ese instante esta maestra... Sin el más mínimo titubeo... Me sugirió que debíamos ir a visitar a cierta persona que ella conocía... Y la maestra dijo que estaba segura que esa persona estaría totalmente dispuesta a ayudarnos... Y no sólo eso... Esta maestra incluso se tomó la molestia de llamarla primero... Para que fuera más fácil para mí (una persona increíblemente penosa) entrar en contacto con ella y ver si nos podía ayudar de alguna forma...

Y de esta manera... Otro "Verdadero Ángel" apareció en nuestras vidas... Así de simple... Y desde el primer minuto que crucé palabra con ella en el teléfono pude sentir que era una persona muy especial... Pero en realidad no podía siquiera imaginarme cuán realmente especial era... Y todas las cosas bellas y milagrosas que se presentarían en nuestras vidas en los meses antes de nuestro viaje... Durante nuestro viaje... E incluso después de nuestro regreso...

De ese momento en adelante... Lo que no tengo otra manera de describir, si no como una "invasión de Ángeles"... Comenzó a aparecer en nuestras vidas...

Muchos amigos y familiares que nos ayudaron en las maneras más asombrosas… Desde regalos monetarios que cubrieron completamente los gastos de nuestro viaje… A llevarnos e irnos a recoger al aeropuerto... A ofrecernos muchos consejos sobre cómo hacer el equipaje de forma más eficiente y "trucos" para hacer la experiencia en el aeropuerto lo más placentera posible para mi hijo y para mí... Hasta regalarnos muchas cosas que necesitaríamos en nuestro viaje...

Hasta alguien no muy cercano a mí que me envió desde otra ciudad una bolsa inmensa llena de mucha ropa linda y muy cómoda, que me quedaba perfecta... Sin esta persona siquiera saber nada sobre nuestro viaje... Hasta incluso una compañía de préstamos que me mandó un cheque... Como surgido de la nada... Por algo relacionado a una casa que había sido mía hacía diez años...

Desde yo pensar que sería bueno si pudiera encontrar una de esas carteritas de viaje pequeñas... Donde uno pone todos los artículos de higiene personal y cuando llega al lugar, es sólo abrir el zipper y tiene un cosa parecida a un perchero para colgar y luce como un pequeño estante donde uno mantiene todo al alcance de la mano... De forma muy cómoda y organizada... Yo había visto uno que mi papá tenía hace años... Pero en realidad nunca estuve interesada porque normalmente no viajamos lejos... Pero me vino de pronto la idea a la mente y me había pasado desde ese día buscando algo así en cada tienda a la que iba... Sin haber encontrado en ningún lugar nada siquiera semejante...

Así que con el paso de los días me olvidé totalmente de eso... Y un día mientras ayudaba a mi prima a empaquetar sus cosas, ya que se estaba mudando... Había una loma con un montón de cosas que ya ella no necesitaba... Y me dijo que llevara cualquier cosa que quisiera de ahí... Y... Cuando estaba mirando lo que había... ¡¡¡Ahí estaba!!! ... Una carterita exactamente como la que estaba buscando... Completamente nueva... Todavía en su estuche original... Perfecta... Y mi prima no tenía ni la más remota idea de que yo estaba buscando algo así...

Hasta muchos familiares y amigos brindándose para cuidar a nuestros dos perros mientras estábamos en el viaje...

Y lo principal con lo que todo el mundo nos inundó fue Amor... Mucho... ¡¡¡Muchísimo Amor!!! ...

Capítulo 9: La ABUNDANCIA... Un Abismo Sin Fin De BENDICIONES Y MILAGROS...

---Nuestros Dos Perros Ancianos---

Sí... Desde todo eso que mencioné anteriormente... Hasta incluso un Ser "casi extraño" que nos ayudó a resolver el último "problema" que hubiera podido hacer que suspendiéramos el viaje... Yo... Casi que "por accidente"... Le mencioné sobre nuestro viaje y cómo todo se había ido desenvolviendo tan perfectamente...

Pero que lo único que nos estaba frenando en ese momento era el cuidado de nuestros dos perritos ancianos... El viaje tomaría 11 días y yo no me sentía bien molestando a alguien con eso porque yo sabía lo muy ocupados que estaban todos...

Al mismo tiempo no quería poner nuestros perros en uno de esos "hoteles" para perros... Ya lo hice una vez... Solo durante dos días... Y quedé totalmente convencida que jamás haría que nuestros perros pasaran nuevamente por algo semejante... Además... Como ya eran ancianos, tenían muchas características que me hacían incapaz de permitir que nadie los mantuviera los once días en su casa...

Pero con este Ser "casi extraño" era totalmente diferente... Esa "coincidencia" de estar las dos en la misma acera al mismo tiempo... De que la conversación se desarrollara tan fluidamente... De cuán feliz era esta persona... De cuán interesada estaba ella en que nosotros lográramos cumplir nuestro sueño...

Así que... Cuando la conversación llegó al punto de que yo comenzara a mencionar a los perros... Sin más ni más... Sin motivo específico... Simplemente era lo que tenía más activo en mi mente en esos días... Esta señora... Este Ser "casi extraño" simplemente dijo "tráelos para mi casa" ...

A lo cuál yo reaccioné con una parálisis instantánea... Casi sin poder creer lo que estaba escuchando...

Y digo "casi" porque las cosas eran un poquito diferentes ahora... Ya estaba muy avanzada en el proceso de "tratar" con esta "invasión de Ángeles" como para no darme cuenta que probablemente (casi seguramente) ésta era otra pieza para completar "el todo" ...

Así que... Seguí con la conversación... Honestamente... Conociéndome como me conozco... Puedo decir que en cualquier otra etapa anterior de mi vida esa conversación nunca hubiera llegado a ocurrir... Pero fui capaz de reconocer la probabilidad de que ése fuera "otro Ángel" "enviado" para ayudarnos a completar este sueño...

En el momento en que ocurrió esa conversación... Yo no estaba buscando absolutamente nada... Yo estaba caminando felizmente por el barrio de mi madre... Disfrutando el aire... Disfrutando las nubes... Disfrutando el bello día... Y toda la secuencia apareció frente a mí "como por arte de magia" ... "Surgida de la nada" ... Y la secuencia de palabras que intercambiamos... Y la conversación tan fluída...

Así que aunque dije que "de ningún modo" ... ¡Yo no puedo molestarla con eso! ... ¡No lo puedo hacer! ... Y le expliqué sobre las edades de nuestros perros... Y las cosas por las que ella tendría que pasar... Éste Ser "casi extraño" insistió y me dijo... "¿Por qué no los traes un día a visitarme a ver cómo se llevan con mi perrita dentro de mi casa?" ... Y no hubo forma de que pudiera seguir ofreciendo resistencia a tanta amabilidad de ese Ser "casi extraño" ... A la bondad de ese "Bello Ser" ...

Finalmente llegó el día en que llevé a mis perros a su casa... Y lo que vi fue totalmente asombroso... Era como si su apartamento perteneciera al perro y el humano era sólo un visitante allí... ¡Tantos juguetes! ... ¡Tantas camas de mascota! ... ¡Todo estaba acomodado alrededor de las necesidades y los gustos del perro! ...

¡Y los tres perros se llevaron tan bien! ... ¡¡¡Como si se hubieran conocido de toda la vida!!! ... Y a este Ser "casi extraño" no pareció importarle ninguna de las explicaciones que yo le di para tratar de convencerla de cuán difícil le iba a ser atender a los tres perros...

Todo lo que pude obtener de ese Ser "casi extraño" en respuesta fue siempre una sonrisa... Siempre una actitud amable y comprensiva... E incluso se negó a cobrarme nada por mantener mis dos perros en su casa todo ese tiempo... Absolutamente nada...

---El "Ángel" Presentado A Nosotros Por La Maestra De Mi Hijo---

Esta persona tiene una vida totalmente ocupada... Y después de nuestro primer contacto, ella se tomó el tiempo de comunicarse conmigo... Tanto a través de correos electrónicos como de llamadas telefónicas... Para percibir cuál era la forma más ideal y efectiva para ella poder ayudar a mi hijo... Ella, muy meticulosamente, me preguntó todos los detalles de nuestro viaje, para asegurarse de que lo que ella hiciera sería lo más beneficioso posible para mi hijo...

Y comenzamos a comunicarnos en abril... Y el viaje estaba planificado para junio y duraría 11 días... Y el curso escolar terminaba a finales de mayo... Así que ella sugirió que para no interferir tanto con la escuela de mi hijo... Y para que no fuera tan cerca del día de nuestro viaje, lo cual terminaría causándome más tensión que ayuda... Y para, aún así, hacerlo lo más cerca del viaje posible, para que todo estuviera fresco en la mente de mi hijo... Ella sugirió que lo hiciéramos en los últimos días de mayo...

Le pregunté más o menos cuánto tiempo duraría nuestra visita... Para poder coordinar el resto de nuestras actividades para ese día... Y yo pensé que ella diría de quince a treinta minutos más o menos... Y me quedé totalmente sorprendida cuando ella sugirió que planeáramos más o menos dos horas...

Y era un deleite increíble para mí el darme cuenta de su habilidad para "ponerse en los zapatos" tanto de mi hijo como míos... Y de analizar cada detalle, por pequeño que fuera... Y ofrecer una idea tan bien pensada y tan efectiva... Pero mi deleite era aún mayor al percatarme de su deseo de pasar tanto tiempo pensando en nosotros y tratando de planificar la mejor experiencia posible para mi hijo...

Y así... Sin más ni más... Legó el día que habíamos acordado... Y yo esperaba un "tour" rápido a través de algunos de los salones de espera del aeropuerto... Esperaba que tal vez ella le mostrara a mi hijo algunos de los aspectos principales, como ir al mostrador para que revisaran los boletos... Etc...

¡¡¡Pero cuán lejos estaba yo de lo que estábamos a punto de vivir!!! ... La atención al detalle era impresionante... Tanta consideración a todos los aspectos de nuestro viaje... La atención que recibimos de tantas personas era totalmente inimaginable... Todo lo que vimos... Lo que vivimos... ¡Tanto Amor de todos! ...¡ Tantas sonrisas! ... ¡Tantas personas agradables! ... Tantos consejos y sugerencias para hacer nuestra experiencia mucho más fácil y agradable... Tanto Amor y cuidados hacia mi hijo...

Y cuando entramos a su oficina... Ella incluso tenía en la pared fotos de mi hijo y sus amiguitos de cuando ellos estuvieron allí el año anterior en un paseo de la escuela... Yo sentí como que flotaba encima de una nube o algo así...

Y no voy a comentar aquí los detalles específicos y asombrosos de estas dos horas tan maravillosas e inolvidables porque simplemente es demasiado para poderlo mencionar todo aquí... Y... Honestamente... Prefiero mantener todo eso en un lugarcito muy especial dentro de mi corazón... En ese lugarcito muy especial donde guardo mis más preciosos tesoros :) ...

¡Y conversamos tanto ese día! ... Ella llegó a conocer parte de mis sentimientos más verdaderos hacia mi hijo y hacia nuestra experiencia en Esta Vida juntos... Y el significado tan profundo que todo ha tenido para mí... Y en un punto de la conversación ella dijo que sí... Que estaba haciendo todo eso por mi hijo... Pero lo estaba haciendo aún más por mí... Porque ella quería que yo me liberara lo más posible de toda mi tensión respecto al viaje... Y porque ella se había podido percatar, desde el mismo principio, de que yo era un Ser Humano increíble... Y porque yo estaba criando un niño maravilloso :) ... Simplemente por eso :) ...

Ese día todas y cada una de mis infinitas emociones estaban completamente a flor de piel... Lágrimas de Alegría a veces... Y otras veces lágrimas de verdaderamente no creer cómo todas estas personas tan maravillosas podían ser tan extremadamente agradables con nosotros... Y tan atentas... Y tan llenas de Amor...

Y nos fuimos de ese lugar sintiéndonos tan emocionados... Sintiéndonos tan llenos de dicha... Mi hijo se sentía el dueño de aquel lugar... El fue, sin lugar a dudas, el dueño de todos esos corazones y de todas esas Almas durante todo el tiempo que permanecimos allí :) ... Y si eso hubiera sido todo lo que estas personas maravillosas hubieran hecho por nosotros... Y si eso hubiera sido todo lo que ese Precioso Ángel hubiera hecho por nosotros... Hubiera sido muchísimo más que lo que cualquiera hubiera esperado... Muchísimo más incluso que lo que cualquiera hubiera sido capaz de soñar...

¡¡¡Pero NOOOO!!! ... ¡¡¡Eso no era siquiera el comienzo!!! ... Vendrían muchos correos electrónicos... Uno diciendo que ella se había comunicado con el director del aeropuerto de la ciudad de la que partiríamos y que él le aseguró que se encargarían de que nuestra estancia allí fuera totalmente placentera... Otro correo diciendo que se había comunicado con el ejecutivo de la aerolínea por la que volaríamos y que ellos se asegurarían que tendríamos una experiencia muy placentera en nuestro vuelo...

Y lo totalmente increíble que todo esto era para mi va muchísimo más allá que cualquier descripción posible... Y lo único que podía yo hacer en medio de toda aquella admiración y todo aquel asombro era simplemente decir "sí" a todo lo que estaba llegando a nosotros en aquel momento... No sabía cómo manejar nada de eso o cómo expresar mi aprecio infinito por todo lo que ellos estaban haciendo... ¿Qué podía yo hacer... Qué podía yo decir... Para de alguna forma balancear (reciprocar) tanto que estaba viniendo de ellos??? ...

Nada... Simplemente dejarme flotar y fluir y enviar (irradiar) Amor hacia cada uno de ellos...

Y un viernes ella me escribe para decirme que su equipo y ella querían entregarle un regalo a mi hijo y que ella quería saber si yo estaba de acuerdo... Y yo me quede totalmente perpleja... ¿Pero más??? ... ¿Qué es esto??? ... Y no había forma de que yo pudiera negarme a tanta amabilidad...

Mientras escribo esto no puedo evitar recordar lo experta que era en eso en mi "vida anterior" ... Una experta en bloquear todo lo que estaba tratando de llegar a mí... Por mi rigidez... Por mi poca autoestima... Por cuán profundamente yo realmente creía, y estaba totalmente segura, que no merecía nada...

Y por alguna mágica razón ya nada de esto era posible para mí... Incluso era imposible encontrar un simple pensamiento sobre eso en mi mente... Era como si fuera una persona totalmente diferente... Era como si me estuviera observando a mí misma desde fuera de mi cuerpo y no pudiera creer lo que estaba viendo...

No había forma de que yo pudiera poner barrera alguna... Incluso la más pequeña... A todo lo que estaba llegando a mí... ¡Tanto Amor!!! ... Y ahora que lo recuerdo... Le escribí exactamente eso a ella en un correo electrónico... Que no había forma que yo pudiera decir "no" ... No por el regalo en sí... Incluso en ese momento no tenía la menor idea qué era... Si no porque pude sentir, desde el mismo principio, todo el Amor que estaba desbordándose y fluyendo de ellos hacia nosotros... Y yo sabía que toda esa amabilidad... Toda esa bondad... Salía desde lo más puro de sus Almas...

Ella me dijo que querían regalarle una pequeña computadora portátil (tablet) a mi hijo... Para que el trayecto en los aeropuertos y en los vuelos fuera más fácil para mí :) ... Y que ellos querían saber qué animados... O qué aplicaciones... Yo "autorizaba" :) que ellos descargaran en la computadora portátil para mi hijo...

¿Pueden creer eso??? ... Nosotros nunca hemos tenido una "tablet" de esas... E incluso cuando yo pensaba que era una gran idea... El ir a comprar una... O incluso si alguien nos hubiera regalado una... Eso hubiera creado tanta tensión en mí en aquel momento porque a mi en realidad no me gusta seguir instrucciones para ver cómo se hace nada... Yo soy más el tipo de persona que se guía a través de "sensaciones y sentimientos" ...

¡¡¡Pero esto!!! ... ¡¡¡Esto era un milagro!!! ... Ellos no sólo fueron tan atentos como para ocurrírseles la idea de regalarle la "tablet" a mi hijo para hacernos todo el trayecto más fácil a nosotros... Si no que llegaron al extremo de querer incluso instalar cosas que nos fueran útiles a nosotros :) ...

Y el domingo siguiente ella me llamó tempranito en la mañana... Yo no escuché el teléfono, así que me mandó un correo electrónico... Entonces yo la llamé... Ella simplemente quería que nosotros fuéramos a verla... Y nosotros estábamos fuera de la ciudad, así que acordamos que llegaríamos por allí en nuestro camino de regreso, lo cual sería ya en horas de la noche... Ella dijo que estaba bien, porque estaría allí toda la noche de todos modos...

Cuando llegamos allí algunos de ellos salieron a recibirnos... O más bien a entregarse a nosotros una vez más… Era una "tablet" totalmente nueva que ellos habían estado cargando todo el día, así que estaba lista para usarse… Le habían hecho todas las instalaciones necesarias para nosotros… Me dieron toda la información, de forma muy detallada, de todo lo que le habían instalado y las cuentas que habían creado… Le habían instalado las cosas que a mi hijo le gustaban… Después se quedaron con nosotros un rato… Ellos solo querían ver y sentir y disfrutar toda la felicidad de mi hijo… Y todo mi asombro…

Yo solamente quería que ellos sintieran lo mucho que yo apreciaba todo aquello que estaban haciendo para nosotros durante hacía ya tanto tiempo… Y… ¡Sí!… Mi Amor… No lo podía atrapar ya más dentro de mí… Ese sentir dentro de mi pecho… Yo solamente estaba fluyendo y fluyendo…

Y nos fuimos de allí... Y ninguno de mis familiares y amigos podían creer nada de lo que yo les contaba al respecto...

Y el día del vuelo llegó... Y mi mamá y mi hermano fueron con nosotros al aeropuerto... Tuvimos que viajar a una ciudad cercana... Y mi hermano había estado en muchos aeropuertos y en muchos vuelos antes... Y yo estaba profundamente deleitada al ver el total asombro en su cara desde el primer momento en que pusimos los pies dentro del aeropuerto y durante todo el tiempo que ellos permanecieron allí...

Desde que entramos al aeropuerto alguien se acercó a nosotros para ayudarnos y guiarnos... Y nos llevó al próximo lugar que teníamos que ir... Y alguien allí dijo "Oh, tú eres tal-y-cual!!!!" ... Y le dieron un apretón de mano a mi hijo... Y yo me encantaba al ver lo tan feliz e importante que él se sentía... Y ellos nos ayudaron en el proceso... Y después nos sentamos en el área de espera y mi hermano dijo... Así de pronto... "¡Esto es simplemente increíble!" ...

Y llegó el momento en que tuvimos que pasar al próximo paso... Y ya mi mamá y mi hermano no podían ir más allá con nosotros... Sólo podían entrar los pasajeros... Así que nos despedimos de ellos... Y mi hijo se mantuvo muy "centrado" en todo momento... Y yo estaba increíblemente calmada en todo momento :) ... Y de ahí pasamos al otro salón... Y de ahí al próximo paso... Y al próximo... Y al próximo... Todos nos ayudaban y llamaban a mi hijo por su nombre...

¿Cómo lo sabían? ... Está totalmente claro que nos estaban esperando... Y cuando finalmente entramos al avión... Ohhh... Mi hijo (y también yo, debo admitirlo) estaba "caminando sobre nubes" ... Nos hicieron entrar al avión más temprano... Para que mi hijo pudiera acomodarse y adaptarse… Y cuando ya vimos la entrada al avión… Fue algo increíble… Toda la tripulación estaba parada allí… Con unas sonrisas preciosas… Saludándonos muy cariñosamente… Y diciéndole a mi hijo "¡¡¡Oh!!! … Tu debes ser "tal-y-cual" … Y después le daban la mano y le decían "¡¡¡Bienvenido, tal-y-cual!!!" …

Y mi hijo estaba tan feliz… Y una de las aeromozas nos llevó a nuestros asientos… Y nos explicó muchas cosas… Y me aseguró que todo estaría maravillosamente bien...

Y mientras todos los demás abordaban el avión… Y mientras el avión estaba totalmente listo para el despegue… Una corriente de recuerdos de todas las personas bellas y de todas las circunstancias que nos bendijeron con su Amor y su ternura para asegurarse que este sueño se cumpliera fluían a través de mí constantemente…

Y lágrimas de Admiración y Dicha y Amor fluían y fluían de mí...

Y mientras el avión se despegaba del suelo yo me sorprendí mucho al percatarme que a pesar de que yo esperaba que en ese momento mi hijo se cubriría sus oídos y estaría muy tenso... Todo lo que se escuchaba era el "¡¡¡¡WHEEEEEEEEE!!!!!" más feliz del Universo... Y a mi me invadió un deleite muy profundo al ver que esa exclamación tan llena de Dicha venía de la carita más feliz que he visto en mi vida... La cara de mi hijo... Cubierta por una sonrisa desde la frente hasta el mentón y de oreja a oreja :) ...

Esa "fracción-de-segundo" fue suficiente para darme cuenta en un instante que todo... Absolutamente todo lo que había pasado en mi vida hasta ese momento... Cada tensión... Cada esfuerzo... Cada pensamiento... Cada persona que había cruzado nuestro camino para tratar de ayudarnos de una forma u otra... Cada coincidencia... Cada una de esas cosas había valido la pena... Sólo por ver una expresión tal... Y una Dicha tal en la cara de mi hijo...

Y las oportunidades más increíbles para el aprendizaje y el incremento del entendimiento de mi hijo surgieron en ambos vuelos... Y cada día que pasamos lejos de la casa... Experiencias preciosas... Vistas despampanantes...

Y el día de nuestro regreso llegó... Y mi amiga y su hijo fueron con nosotros al aeropuerto de ese país que queda a 3.5 horas de nosotros... Y se quedaron con nosotros hasta el último lugar en el que pudieron estar... Y el momento de decir adiós llegó... Y yo estaba muy calmada... Y mi hijo se comportó increíblemente bien todo el tiempo...

Y para ser completamente honesta... Tengo que decir que aunque nos quedamos en ese país sólo 11 escasos días... La experiencia fue tan encantadora... Visitamos tantos lugares... Sentimos tanto Amor en todas las personas que conocimos... Nuestras emociones estaban tan constantemente en la superficie de nuestra piel... En la superficie de cada célula de nuestros cuerpos...

Vivimos todo tan intensamente y tan bellamente... Que esos escasos 11 días se sintieron como si en realidad fueran por lo menos un año... Todo lo relacionado con nuestra casa se sentía tan lejano en nuestra memoria... Y yo me sentía como si de algún modo me hubieran vaciado... Me sentía tan, pero tan ligera...

Era un aeropuerto mucho más grande que los que habíamos visitado antes... Y mientras caminábamos siguiendo las señales para encontrar la aerolínea adecuada...

Los pensamientos sobre toda la ayuda que recibimos de todas esas personas en nuestro país fluían y fluían a través de mi mente y mi cuerpo... Pero sentía todo tan distante... Como cuando uno está soñando despierto o algo así... Como flotando... Y llegamos al salón adecuado... Y antes de que pudiéramos encontrar un lugar donde sentarnos... De pronto veo una señora acercándose a nosotros y diciendo mi nombre en el idioma de ese-país-a-3.5-horas-de-distancia-en-avión... Un idioma que conozco muy bien por haber sido completamente "fluida" en él en una etapa anterior de mi vida... ¡¡¡Un idioma que Amo tanto!!! ...

Estoy segura que ella pudo enseguida notar la sorpresa en mi rostro... Y cuán intrigada yo estaba al ver a alguien acercarse a mí diciendo mi nombre en ese idioma en medio de aquel aeropuerto tan lejos de casa… Así que rápidamente procedió a explicarme que aquél "Bello Ángel" de aquel aeropuerto cercano a casa se había puesto en contacto con ella hacía un par de semanas… Y le había explicado sobre nosotros y le había pedido que nos ayudara en nuestro trayecto de regreso…

Y yo simple y claramente le comenté lo mucho que yo valoraba todo eso… Y cuán increíble era aquella persona que nos había ayudado tanto desde aquel aeropuerto cercano a casa… Y la profunda atención a cada detalle… Y todo el Amor… Y cuán increíble era para mí que ella… Esa persona en ese país tan lejos de casa… Se había recordado de hacer algo que le había pedido hacer hacía dos semanas alguien que tal vez ella ni siquiera conocía… Por dos simples personas que no conocían a nadie… Que estaban simplemente tratando de vivir sus vidas centrados en el Amor… La Alegría… Y la Felicidad…

Y verdaderamente nos ayudaron muchísimo en aquel aeropuerto tan lejos de casa también... Nos asignaron otros asientos para que mi hijo estuviera en un área del avión un poco más calmada... Y a medida que nos acercamos a la entrada del avión... Exactamente lo mismo... Toda la tripulación parada en la puerta... Saludándonos y dirigiéndose a mi hijo por su nombre y dándole apretones de manos... Y yendo a nuestro asiento periódicamente para asegurarse que yo estaba bien y preguntarnos si necesitábamos algo...

Ha pasado año y medio de esto y mientras lo escribo no puedo evitar que se me dibuje una sonrisa en los labios... Se me iluminen y se me humedezcan los ojos... Y el corazón se me infle de tanto Amor y tanta emoción hacia todas esas personas y todas esas experiencias...

Ahora me doy cuenta que todos ellos se percataron desde el mismo principio que era a mí a la que tenían que prestarle más atención y no a mi hijo :) … Que yo era la que estaba estresada por todo aquello…

Y estoy profundamente agradecida y admirada por cada uno de los Bellos Ángeles que se cruzaron en nuestras vidas durante todos aquellos meses… Algunos por un periodo de tiempo demasiado corto… Otros permanecieron con nosotros durante un tiempo más largo… Pero todos y cada uno de ellos jugó un rol infinitamente crucial en la realización de este sueño tan maravilloso y tan significativo…

Y yo todavía escucho en mi Alma las exclamaciones de mi hijo… Tantas veces durante cada vuelo… En los momentos en que el avión iba un poquito hacia arriba… O un poquito hacia abajo… O totalmente hacia arriba… O totalmente hacia abajo... Y muy en lo profundo de mi Ser yo SÉ que todos esos Bellos Ángeles estaban todos allí conmigo y podían claramente escuchar y regocijarse en cada maravilloso "¡¡¡¡WHEEEEEE!!!!!!" que salía de la carita feliz de mi hijo... De lo más profundo de ese Ser tan feliz que es mi hijo... Desde muy dentro de mí yo SÉ que eso fue por lo que ellos lo hicieron... Por ese precioso momento... Por ese sentir tan bello :) ... Y lo único que puedo decir es algo que mi hijo dice muy frecuentemente... "¡¡LO HICIMOS!!!!!!" ...

Capítulo 10: De El Universo HACIA MÍ Y DE MÍ Hacia El Universo

Siempre sentí que había algo más... Además de poder volver a ver las montañas después de tantos años... Algo más que "me empujaba" tan intensa y rápidamente a hacer ese viaje...

Desde el minuto en que la primera idea surgió en mi cabeza... O fue sentida en mi cuerpo... Pensando al mismo tiempo que era prácticamente imposible que pudiéramos lograrlo... Algo así como una especie de "sueño irrealizable" ...

Hasta el minuto que entramos al avión de regreso... Con esa cantidad innumerable de milagros que ocurrieron en nuestras vidas en ese tiempo... Y esa "invasión de Ángeles" instantánea e innegable, como yo la llamo...

Esa "invasión de Ángeles" que inmediatamente aparecía a cada paso de nuestras vidas por esos días... Y provocaba la disolución inmediata de todos los obstáculos que se presentaban en nuestras vidas y tenían la posibilidad de causar que este viaje (este sueño) no se convirtiera en realidad...

Y con la disolución de los posibles obstáculos lo que realmente se disolvía era cualquier duda que yo pudiera tener sobre la realidad de este viaje... Sobre la realidad de este sueño...

¡Había tanta ayuda disponible, sólo para nosotros, por esos días! ... Tanta ayuda que nunca solicitamos... ¡¡Tanta ayuda disponible!!! ... De fuentes mucho, muchísimo más "grandes" que lo que nunca nos hubiéramos imaginado ... Que yo estaba totalmente convencida que había algo extremadamente profundo y poderoso "llamándonos" allí...

Sí... Logramos ver a mi amiga... A quien había visto por última vez hacía ya casi 20 años... Y el sentir que era como si nunca nos hubiéramos dejado de comunicar fue un milagro para mí...

Sí... Mi hijo pudo ver montañas reales... Muchísimas montañas... En un área preciosa... Y un pueblecito bello que parecía que estaba incrustado allí en una montaña... Como en un cuento de hadas... Y yo pude SENTIR esa energía tan bella que emanaba de aquellas montañas preciosas... Algo que había extrañado y deseado tanto en los últimos 20 años... ¡Y había anhelado tanto en los últimos dos! ...

Sí... Pude incluso cumplir uno de mis dos sueños más grandes (en cuanto a lugares naturales se refiere) ... Algo que no iba a ser parte de este viaje debido a lo lejos que queda ese lugar de donde nos estábamos quedando...

Pero con tal "invasión de Ángeles" en nuestras vidas... Solamente tuve que preguntar sobre ese lugar... Así... Sin más ni más... Por simple curiosidad... No tenía idea exactamente dónde estaba en relación con el lugar donde estábamos parando... Y uno de esos Ángeles (mi amiga) lo organizó todo sin que nosotros supiéramos... ¡¡¡Y fue un hecho!!! ...

Fuimos con su familia... Pasamos la noche allí... Un viaje de 9 horas hacia allá... Un viaje de 10 horas de regreso... ¡¡¡Y fue un hecho!!! ... ¡¡¡Estábamos ahí!!! ... ¡¡¡Y fue una de las experiencias más maravillosas de toda mi vida!!! ... Nos quedamos en un apartamento que tenía todas las paredes de cristal... En el piso 22... ¡¡¡Y la vista era espléndida!!! ... Y las sensaciones eran increíbles... ¡¡¡Un bello sueño hecho realidad!!! ...

Mi hijo se quedó totalmente perplejo ante tanta belleza...

Pero nada igualable a ir allí la mañana siguiente y estar parados al lado de ellas... ¡¡¡Tánta inmensidad!!! ... ¡¡¡Tánta maravilla interminable!!! ... Y ondulaciones de energía viajaban y viajaban incesantemente a través de todo mi cuerpo... Y lágrimas de Alegría... De Admiración... De Amor... Constantemente se desbordaban de mis ojos... ¡¡¡Tánta belleza!!! ... ¡¡¡Tánta apreciación profunda!!! ... ¡¡¡Tánta felicidad!!! ... Y el pensar que no sólo estaba pudiendo sentir todo eso yo... Si no que también estaba pudiendo proporcionarle esa experiencia tan divina a mi hijo multiplicaba infinitamente mi felicidad ...

¡Sí!!! ... ¡¡¡Estábamos parados al borde de las Cataratas Más Bellamente Despampanantes Que Existen!!!

Pero... Por más inmensas y significativas que sean... Ninguna de estas experiencias se compara con el Amor que sentí cuando conocimos a una pareja... 81 años... 50 años de matrimonio... Eran amigos de mi amiga...

El Amor instantáneo que sentí hacia y de esos dos Seres... El Amor que percibí que ellos sentían hacia mi hijo... Todo eso me intrigó mucho desde el mismo principio... Era como si los conociéramos de siempre... Al día siguiente La Esposa nos llevó a un sitio que tocó profundamente mi Alma...

Y ahora que lo pienso... El tiempo total que pasamos con estas personas no llegó siquiera a 10 horas... Pero era como si los hubiéramos conocido... Y Amado profundamente toda nuestra vida...

Y nos despedimos de ellos... Y desde su casa nos dirigimos al aeropuerto con mi amiga y su hijo... Y todo el tiempo en el viaje hacia el aeropuerto... Y todo el tiempo en el viaje hacia nuestro país... Y todos los días después de eso... No podía detener ese sentir dentro de mí... Ese sentir tan mágico respecto a esos dos Seres...

Y no lo podía comprender... Nunca había sentido nada parecido... Especialmente algo tan profundo... Y tan puro... Y tan bello... Hacia dos Seres que habíamos acabado de conocer... ¿Qué es esto?...

Y más y más me pasó después que regresamos... ¡Especialmente después que regresamos!... Y ha pasado ya más de un año y ese sentimiento tan profundo todavía sigue ahí... Más fuerte cada vez... Y ahora tengo muy claro que NUNCA se va a ir... ¡¡Es Amor!!!...

Me pasó con estas dos personas lo mismo que me pasó con ÉSE SER… La misma espontaneidad en la comunicación… La misma espontaneidad en los sentimientos… La misma innegabilidad del Amor… El mismo incremento de las energías… La misma necesidad de escribir… Y escribir… Y lo imparable del proceso cuando esas oleadas de energía ocurren… Las mismas manifestaciones en mi cuerpo…

Sí… Las mismas energías y la misma necesidad de escribirles cartas a ellos… Y la necesidad de mandarles esas cartas… Sin sentir temor o sentirme avergonzada por el hecho de que ellos pudieran pensar que estaba loca o algo así… Sin sentir ninguna culpa o vergüenza por escribir cosas tan íntimas en esas cartas a ellos… Aún cuando siempre he sido una persona tan penosa (tímida) e introvertida…

Yo sé perfectamente que la mayoría de las personas que lean esas cartas pensarían que estoy totalmente fuera de mis cabales... Porque el tipo de cosas que menciono y la forma en que están escritas no es algo a lo que la mayoría de las personas están acostumbradas...

Pero con estas personas tan bellas... Al igual que con ÉSE SER... Nada de eso importaba... Simplemente sentí la necesidad... Más que una necesidad... Lo sentía casi como una "obligación"... Sentía la "obligación" de asegurarme que cualquier cosa que fluyera a través de mí en relación a ellos... Llegara a ellos... Sin temor a su reacción... Sin tratar de impedir que nada de aquello fluyera...

Y en realidad no es que yo no estuviera "tratando" de impedir que todo aquello fluyera... La verdad es que no podía... Aquella corriente que me arrastraba y fluía a través de mí y causaba todo tipo de acontecimientos extraños dentro de todo mi Ser era infinitamente mucho más poderosa que yo... Literalmente me arrastró con ella... Sin que yo pudiera ofrecer ningun tipo de resistencia... Sin siquiera tener tiempo de darme cuenta de lo que me estaba ocurriendo...

Tal vez tenía que ir a ese País-A-3.5-Horas-En-Avión para sentir todas aquellas cosas tan profundas en todos aquellos lugares que visitamos... Para sentir todas esas cosas tan profundas hacia las personas con las que interactuamos...

Tenía que ir toda aquella distancia hasta aquel país para conocer a esos dos Bellos Seres... Para así poder sentir toda esta Magia hacia ellos y de ellos... Para que me pudiera dar cuenta de que era capaz de sentir este Amor tan indescriptible hacia otras personas y hacia otras cosas también...

Que este Amor no era algo que estaba solamente limitado a ÉSE SER...

Para poder darme cuenta que "Ese Amor" era el regalo más preciado que el Universo me había dado... O tal vez "Ese Amor" había estado dentro de mí todo el tiempo... Pero yo lo había estado bloqueando totalmente durante los primeros 42 años de mi vida...

Y todo esto me hizo ser capaz de permitir que "Ese Amor" fluyera y se expresara... Y lo pudiera sentir fluyendo a través de mí... Y entonces eventualmente sentirlo fluyendo hacia mí... Y permitir que fluyera... Sólo para mí... Y que eventualmente comenzara a escribir... Sólo para mí... Para que pudiera finalmente Vivir y Sentir el sentimiento más esencial y primordial que uno puede Vivir... El sentir (sentimiento) del Amor-Propio...

Y el significado que esto tiene es enorme...

Gracias a lo que me ocurrió a través de estas dos personas tan bellas... Así de pronto... Como surgido de la nada... Pude darme cuenta... Pude llevar a un nivel de claridad mucho más profundo el significado que ÉSE SER tuvo... Y tiene... Y siempre tendrá en mi vida...

Gracias a lo que me ocurrió a través de estas dos personas tan bellas... Así de pronto... Como surgido de la nada... Pude adquirir un nivel de claridad mucho más intenso sobre el significado que ha tenido en mi vida todo lo que ha ocurrido en mi existencia en este último par de años... Adquirí un nivel de entendimiento inmensamente más profundo sobre muchísimos aspectos de toda mi existencia... Pasada... Presente... Y futura...

Y sí... Por supuesto que todo lo relacionado con ÉSE SER ocurrió a un nivel totalmente diferente... Y a través de todos esos intensos y bellos procesos fui capaz de sanar todas las áreas de mi existencia que mencioné anteriormente...

Fui capaz de sanar mi relación con mi pasado... Mi relación con todas las personas y eventos en mi pasado y en mi presente... Fui capaz de sanar mi relación con mi cuerpo... Mi relación con mis emociones... Mi relación conMIgo misma... Mi relación con miAmor...

Pero honestamente.... De alguna manera yo pensaba y sentía que algo tan bello... Tan intenso... Tan poderoso... Tan purificador era un verdadero milagro... Un milagro que, si acaso, solo podía ocurrir una vez en la vida... Y que la mayoría de las personas se iban de este mundo sin que jamás les ocurriera algo semejante...

Y me siento la persona más bendecida de todo el Universo por haber podido Vivir... Aunque sea de esa manera tan "extraña" … Ese tipo de Amor que en algún lugar muy profundo de mi Ser yo tenía el convencimiento de que sí existía… Pero al mismo tiempo tenía el convencimiento de que era imposible que existiera en este mundo en el que vivimos… ¿Será por eso que siempre Sentí que yo no pertenecía a este mundo? …

Así que… Como dije antes… Gracias a todo eso que ocurrió en mí en el transcurso de los últimos dos años… Especialmente todo lo relacionado con ÉSE SER… Ahora yo SÉ que "Ése Amor" realmente existe… Pero en cierto modo estaba temerosa ante el hecho de que había sido suficientemente Bendecida al poderlo sentir en esta forma tan extraña… Tan bella… Y tan irreal… Pero que sería imposible para mí poder pasar por esa experiencia tan divina jamás en todo el resto de mi vida…

Y lo que ocurrió en mi a través de esas dos personas tan bellas me mostró... O, mejor dicho, me demostró que ahora mi existencia estaba... Y está... En un estado totalmente diferente... Y que yo era totalmente capaz... Y tenía totalmente la posibilidad... De Sentir y Vivir ese Amor nuevamente... Y que "Ése Amor" que tuve la bendición de conocer por primera vez a través de ÉSE SER... Es un tipo de Amor muy diferente al que normalmente estamos acostumbrados... ¡¡¡¡Es algo tan infinitamente puro y tan profundamente poderoso!!!! ...

¡Mi existencia... Y el modo en que veo la vida y todo alrededor de ella después de conocer a esta pareja tan bella es tan diferente ahora! ... ¡Mi entendimiento de qué es el Amor es ahora tan profundo! ... No lo puedo explicar... Pero definitivamente lo puedo Sentir... ¡¡¡Yo lo SÉ!!! ... El Amor simplemente fluye... Y fluye... Y fluye...

Sólo necesitamos girar "el timón" un poquito... Sólo un poquito... Para que podamos dirigir nuestros pensamientos... Nuestras emociones... Nuestro Espíritu... Nuestro corazón... Y especialmente nuestro cuerpo... Poquito a poquito... En la dirección correcta... Sólo un poquito...

Y una vez que nuestro cuerpo está finalmente enfocado sólo un poquito en la dirección "correcta" ... Como una corriente en el agua... "Ése Amor" arrasa todo a su paso... Alrededor de nosotros y dentro de nosotros... Como si nuestro cuerpo fuera una especie de tubo... Y en su fuerza arrasadora ese Amor ... Esa corriente... Nos logra girar completamente en esa dirección correcta... Y es capaz de eliminar completamente cualquier residuo que todavía pueda quedar dentro de nosotros o alrededor de nosotros...

Y mientras más somos capaces de permitirnos sentir y dejarnos llevar por "Ése Amor"... Más y más queremos sentirlo... Y más cariño y cuidado ponemos en la forma en que cultivamos nuestros pensamientos... Nuestras emociones... Nuestra Espiritualidad... Nuestro Cuerpo... Como si cultiváramos el jardín más delicado y bello de todo el Universo...

Y eso se convierte en nuestra única "meta"... Nuestro único deseo verdadero... Cultivar nuestra bella existencia en tal manera que más... Y más... Y más Amor nos pueda inundar... Y fluir desde nosotros... Y hacia nosotros... Y a través de nosotros... Hacia cada cosa y cada persona... Y fluye... Y fluye... Y fluye...

Y cuando llegamos a ese punto... Habremos recibido la Bendición más grande y más bella que existe... La bendición del Amor-Propio-

Incondicional-Eterno-Infinito-Imparable-Abarcador-Puro…

Capítulo 11: Y Ahora ¿HACIA DÓNDE???

Me gustaría poder decir que yo tengo el mérito por todo esto... Por todas las transformaciones en mi Ser... Por todas las transformaciones en mi cuerpo... Por todas las transformaciones en mi personalidad... En mi espiritualidad... En mi felicidad... En mi Amor... Y por tener la fuerza de voluntad... Por haber tenido la visión de la "forma correcta" en que tiene que ir mi vida... Pero no puedo... No fui yo... Todo esto fue "hecho en mí" ...

Pero... Pensándolo bien... ¡¡¡Sí!!! ... ¡Sí tengo que recibir todo el "crédito" por esto! Por el hecho de que en un punto determinado fui capaz de "dejarme llevar" y CONFIAR... Y tuve la paciencia de monitorear muy de cerca mis pensamientos y mis emociones... Y redirigirlos sólo un poquito a la vez... Y muchas... Muchas veces... Cuando no tenía éxito... No me rendí y no abandoné esa CONFIANZA...

Probablemente ésta es la primera vez en mi vida en que ha habido algo ante lo cuál "no me rendí"... Era como si... A pesar de que me había rendido ante prácticamente todo lo demás... Había algo muy profundo "debajo de la superficie"... Muy escondido... Imposible para mí saber claramente qué era... Pero suficientemente presente para poderlo sentir, aunque muy levemente... Incluso en lo que pareciera ser un nivel "inconsciente"... De alguna manera pude sentir que de ningún modo debía dejarme llevar más en ese recorrido cuesta abajo en mi vida... Y pasé por todo esto sin ningún tipo de miedo...

Sí... Lo más asombroso para mí era el verme ser capaz de pasar por todo eso sin miedo... Tal vez miedo al fracaso... Tal vez ese miedo al fracaso es lo que provocó que me rindiera ante todo lo que me he rendido en mi vida... O tal vez la poca autoestima... O tal vez... O tal vez... No sé... Todo eso se me está ocurriendo mientras escribo esto... La realidad es que es la primera vez en mi vida que ése " tal vez" no está presente...

Es como si una corriente interna que es casi imperceptible... Pero a la misma vez es muy constante... Y muy fuerte... Esa imperceptible y poderosa corriente interior me está llevando a través de todo esto... Y esa corriente sabe exactamente cuándo acelerar... Cuando hacerse más lenta... Cuando parecer que no está ahí... Para que la negatividad que a veces se presenta en mí no me haga luchar en contra de ella... No hay miedo...

Tal vez por primera vez en mi vida...

O tal vez esa corriente interior imperceptible e increíblemente fuerte siempre estuvo presente en mi vida... En una coexistencia armoniosa con mi miedo al fracaso... Y ha sido todo parte de un bello proceso de aprendizaje y Amor...

Tal vez... ¿ ¿ ¿Quién sabe??? ...

En este punto en mi vida... 9 de junio del 2015... Puedo decir sin siquiera la más leve duda que el ver este inmenso progreso por el que he pasado dentro de mí Misma... La alegría de verme seguir creciendo y evolucionando dentro de mí Misma... Y el sentirme tan maravillosamente bien como me he estado sintiendo durante estos últimos dos o tres años... Todo eso es muchísimo más satisfactorio que cualquier cosa "material" que yo haya podido obtener en mi vida... Aún cuando aprecio profundamente el mundo material también... Pero el "mundo material" viene y va y muchas veces se transforma en una especie de "carga" y una fuente de estrés...

Pero una vez que uno vive y Siente "ésto" ... Y uno conoce el camino para regresar a "ésto" una y otra vez... Ya nos pertenece para siempre... Es nuestro eternamente... Y es una fuente infinita de Alegría... Plenitud... Y Amor...

Desde el mismo principio... Mientras pasaba por la profunda confusión que todos estos intensos procesos ocasionaban en mí... Incluso en aquellas circunstancias podía percibir... Como he explicado antes... Que era algo bueno... Que todo eso era parte de algún tipo de sanación que estaba ocurriendo en mí... Ahora no solamente lo percibo... ¡¡¡Ahora lo SÉ!!! ...

Después de pasar ya tantas veces por todos esos procesos increíblemente intensos... Viviendo todas esas transformaciones físicas... Totalmente "sentibles" y visibles en mi cuerpo... Yo Sé, sin ninguna duda, que este proceso provoca algún tipo de sanación... En mi cuerpo físico... En mi mente... En mis emociones... En mi personalidad... En la manera en que recuerdo a las personas y eventos a través de mi vida... En la manera en que interpreto el significado que todas esas personas y eventos han tenido en mí... En todo mi Ser... En mi Vida Completa...

Y siento solamente Amor... Y Sé que lo único que importa realmente es el Amor... Y Sé que el Amor es lo único que realmente existe... El Amor es nuestra única Verdad...

Estaré durante toda la Eternidad agradecida por la "presencia" de ÉSE SER en mi vida... Tan "repentina" ... Y tan abrupta... Y tan poderosa... Y tan... Imposible de ignorar... ÉSE SER me ayudó a conocerme... A conocerme verdadera y totalmente... A conocer completamente quién Yo Soy en realidad... Por primera vez en mi vida...

A medida que escribo esto, unas ondulaciones y un erizamiento increíbles me recorren toda la piel... ÉSE SER me ayudó a ser más fuerte... A lograr que mi felicidad dependa única y exclusivamente de mí misma... A sentir... Por primera vez en mi vida... Lo que Sé ahora que es... Sin duda alguna... El Amor Incondicional...

ÉSE SER me ayudó a dejar que la claridad entrara en mi vida... Cada vez que ÉSE SER hacía algo que no me gustaba, yo me dirigía más y más a mi interior... Giraba "el timón" un poquito más... Y encontraba Amor dentro de mí... Y más Amor... Y más Amor!!! ...

Ahora me doy cuenta que "todo" lo que ÉSE SER me ayudó a hacer fue enfocarme... Todo lo que esas dos personas maravillosas que conocí en ese país a "3.5-horas-de-camino-en-avión" me ayudaron a hacer fue enfocarme... Todo lo que mi hijo me ayudó a hacer fue enfocarme...

Y entonces desde ese enfoque fui capaz de extraer sentimientos... Pensamientos... Conocimientos profundos...

Ahora puedo sentir claramente la importancia tan inmensa que estas personas han tenido en mi existencia...

Mi existencia ha sido algo similar a un agua que ha estado corriendo... Fluyendo... Deslizándose por todos lados... Desbordándose... Inundando todo a su paso... Especialmente a "Mi-Propio-Yo"... Entonces estas personas... En este momento tan crucial... Tan esencial en mi vida... Han tenido la función tan extremadamente importante de ayudarme a enfocarme en una manera muy poderosa y muy intensa... Una función similar a la de una tubería o un canal... Esa tubería o ese canal es capaz de guiar el agua a través de un camino muy específico... Un camino muy definido... Entonces esa agua puede cumplir (ejercer) una función muy útil... Muy significativa... Entonces esa agua tiene un propósito muy bello...

En el momento en que todo esto estaba pasando con más intensidad... Yo no tenía ni la más remota idea de lo que me estaba pasando... Lo único que podía hacer era tratar de "sobrevivir" esos procesos tan intensos... Esos sentimientos tan intensos... Esas sensaciones tan intensas... Esas energías tan intensas... Simplemente tratar de resistir...

Sí... La presencia de estas personas en este momento tan crucial de mi vida me ayudó a enfocarme... Actuó como una tubería o un canal que "forzó" a mi existencia a seguir un camino

muy significativo... Un camino muy específico....
Y muy estrecho... Y muy definido... Para alcanzar
un propósito muy significativo... El propósito más
significativo de toda mi existencia...

El propósito de cambiarme...
O... Mejor aún...
El propósito de ayudarme a recordar quién
era...
El propósito de Saber... De Conocer quién
Yo Soy en realidad... Por primera vez en mi
vida...

El propósito de llegar a conocer el Amor
más grande y más profundo de todos... El Amor-
A-Mí-Misma... Por primera vez en mi vida... De
una manera tan bella y tan intensa... Que Sé que
Jamás se alejará de mí...

Esta vez yo Sé que nunca olvidaré... Nunca
más... Quién Yo Soy... Mi verdadera esencia...

Amor... Y yo Sé que SIEMPRE los Amaré... Muy intensamente... Muy plenamente... Muy profundamente...

Y yo Sé que SIEMPRE me Amaré... Muy intensamente... Muy plenamente... Muy profundamente...

Con éste Amor que a través de ellos inundó mi Ser... Con éste Amor que a través de ellos llenó completamente mi Ser... Y de ahí se desbordó...

Y se desbordó... Y fluye... A todos lados... A todas partes que voy... E inunda todo lo que miro... A todos los que conozco... Se desborda en todo lo que siento... Inunda todo lo que toco... Todo en lo que pienso... Y fluye hacia mí nuevamente... Y de mí hacia ellos... Directamente a ellos... Siempre hacia ellos...

Pero esta vez no hay necesidad de una tubería o un canal... El Amor no necesita eso... El Amor no necesita nada que lo guíe o que lo haga ir o ser de una forma o de otra... El Amor simplemente ES... Es de la única cosa que nos tenemos que dar cuenta... La única cosa que tenemos que dejar que surja y fluya en nuestras vidas...

Y una vez que nos abrimos a él... No hay necesidad de tuberías nunca más... Todo tiene un propósito... Todo tiene un significado... A dondequiera que fluya... A donde sea que la vida nos lleve... Todo es mágico... Todo es una bendición...

Así que... Si alguien alguna vez me preguntara: ¿Cuál es la bendición más grande de tu vida? ... Yo... Sin ninguna duda diré:

"¡Todo! ...

Cada momento...

Cada evento…

Cada persona…

Cada sentimiento…

Cada sensación…

Cada acción…

Cada pensamiento…

Cada emoción…

Cada energía :) …

¡¡¡Todo!!! …

¡¡¡LA VIDA!!!"

11:11--Epílogo

www.ingramcontent.com/pod-product-compliance
Lightning Source LLC
Chambersburg PA
CBHW022356040426
42450CB00005B/208